FAMÍLIA   VIAGEM   GASTRONOMIA   **MÚSICA**   CRIATIVIDADE
& OUTRAS LOUCURAS

RUST IN PEACE

A HISTÓRIA DA OBRA-PRIMA DO MEGADETH

DAVE MUSTAINE
com **JOEL SELVIN**

Tradução
MARCELO HAUCK

Belas Letras

1ª reimpressão/2021

Copyright © 2020 Dave Mustaine
Todos os direitos reservados

Publicado mediante acordo com a Hachette Book Group.

Nenhuma parte desta publicação pode ser reproduzida, armazenada ou transmitida para fins comerciais sem a permissão do editor. Você não precisa pedir nenhuma autorização, no entanto, para compartilhar pequenos trechos ou reproduções das páginas nas suas redes sociais, para divulgar a capa, nem para contar para seus amigos como este livro é incrível (e como somos modestos).

Este livro é o resultado de um trabalho feito com muito amor, diversão e gente finice pelas seguintes pessoas:
Gustavo Guertler (*publisher*), Marcelo Viegas (edição), Jaqueline Kanashiro (revisão), Celso Orlandin Jr. (diagramação e adaptação do projeto gráfico), Ross Halfin (foto da capa), Timothy O'Donnell e Amanda Kain (design da capa) e Marcelo Hauck (tradução)
Obrigado, amigos.

Textura Grunge © Miloje/Shutterstock

2020
Todos os direitos desta edição reservados à
Editora Belas Letras Ltda.
Rua Coronel Camisão, 167
CEP 95020-420 – Caxias do Sul – RS
www.belasletras.com.br

Dados Internacionais de Catalogação na Fonte (CIP)
Biblioteca Pública Municipal Dr. Demetrio Niederauer
Caxias do Sul, RS

M991	Mustaine, Dave, 1961-
	Rust in Peace: a história da obra-prima do Megadeth / Dave Mustaine e Joel Selvin; tradução de Marcelo Hauck. - Caxias do Sul: Belas Letras, 2020.
	200 p.
	ISBN: 978-65-5537-027-0
	ISBN: 978-65-5537-032-4
	Tradução de: Rust in Peace: The Inside Story of the Megadeth Masterpiece
	1. Megadeth (Grupo musical) - História. 2. Música norte-americana. 3. Thrash metal. I. Título. II. Hauck, Marcelo.
20/81	CDU 784.4(73)

Catalogação elaborada por Rose Elga Beber, CRB-10/1369

Dedicado a todos os meus fãs espalhados pelo mundo.
Aguante, Megadeth!

SUMÁRIO

PREFÁCIO (SLASH)	11
AGRADECIMENTOS	15
UM - CASTLE DONINGTON	19
DOIS - EM CASA DE NOVO	29
TRÊS - A *DEMO*	39
QUATRO - BATERISTAS	49
CINCO - DANDO UM JEITO NA VIDA	57
SEIS - DE VOLTA À REABILITAÇÃO	67
SETE - MARTY	81
OITO - RUMBO	91
NOVE - A GRAVAÇÃO DAS GUITARRAS	101
DEZ - O TELEFONEMA DO AXL	109
ONZE - AS MÚSICAS	117
DOZE - O RETORNO	135
TREZE - O *RUST* NA ESTRADA	145
QUATORZE - HAVAÍ	155
QUINZE - EM CASA DE NOVO	161
DEZESSEIS - *CLASH* NOS EUA	167
DEZESSETE - REUNIÃO DA FORMAÇÃO DO *RUST IN PEACE*	175
DEZOITO - CODA	191
CRÉDITOS DAS FOTOS	197

PREFÁCIO DE SLASH

Narrado a Ryan J. Downey

HAVIA UMA PARADA DE *METAL UNDERGROUND* ROLANDO no início dos anos 1980, com um punhado de bandas distribuindo *demos* e participando de coletâneas alternativas. Era uma cena pequena, mas as pessoas que a conheciam piravam. Eu conhecia o Metallica na época, antes de eles assinarem com uma gravadora, mas só fui encontrar os caras alguns anos depois.

Não tenho ideia da dinâmica nem dos detalhes que levaram à saída do Dave Mustaine do Metallica, mas, no final das contas, aquilo tinha que ter acontecido. Todos nós saímos no lucro. Se não fosse isso, não voltaríamos a nossa atenção para o Dave, o que aconteceu por ele ter liderado outra banda.

Não teríamos o Megadeth.

Steven Adler e eu adorávamos o *Peace Sells... But Who's Buying?*. Era o nosso disco favorito. Eu era apaixonado por tudo no álbum, mas gostava mais das guitarras, é claro. O Chris Poland continua sendo, até hoje, um dos melhores guitarristas solo que o Dave já teve no Megadeth.

O Guns N' Roses estava meio devagar e pouco ativo nesse período. Nós éramos uma banda bem conhecida em L.A., mas, depois que assinamos com a Geffen Records, ficamos fora de cena um tempo. A gravadora não queria que a gente fizesse muitos shows nessa época.

Posso estar errado, mas acho que foi o Steven que me apresentou ao David Ellefson. O Junior é uma pessoa muito sincera, gente boa e extrovertida. Não tem tempo ruim com o cara. O Mustaine era um pouco mais sério, muito mais reservado socialmente, mas a gente se dava bem demais juntos.

O Steven e o Izzy Stradlin estavam morando numa espécie de "pensão" ao sul da Sunset. Eu estava ficando na casa de uma gata. Tecnicamente, eu não morava em lugar nenhum. O Mustaine tinha um apartamento bem perto de onde eu estava ficando, a uns dois quarteirões, mais ou menos.

Comecei a ir lá direto e fiquei muito amigo do Junior e do Dave. A gente fazia muita festa lá, mas não era "festa" no sentido tradicional. A gente não ia a bares e tal. Pra falar a verdade, "festa" nem é a palavra certa, se pensarmos no que isso significa para a maioria das pessoas. Era o oposto, na realidade. Era uma parada bem insular. A gente ficava em casa, usando droga e compondo. Fazíamos muita *jam*. Juntos e drogadões, a gente compôs umas paradas muito sombrias e pesadas.

Nunca fui um cara do *metal*, mas eu me identificava com o jeito de tocar guitarra do Dave Mustaine e do James Hetfield. Rolava muita banda de *thrash*, mas esses dois criaram um som pessoal e único. Há umas coisinhas aqui e ali no jeito que eu toco que veio de escutar esses caras e, principalmente, de fazer *jams* com o Dave. Aquilo com certeza me influenciou. Eu curtia muito tocar com ele. O meu negócio é *riff* e eu gostava muito do jeito que ele fazia *riffs*.

O estilo de tocar guitarra do Dave é único, é difícil colocar em palavras. O estilo do dedilhado, a condução dele de um modo geral. A gente reconhece imediatamente. Sei que é ele na hora.

PREFÁCIO

Falo um pouco disso no meu livro, que houve um momento em que estávamos frustrados com as nossas bandas e, por um período curto, cogitamos fazer algo juntos, mas nunca chegamos a levar aquilo muito a sério. Eu adorava o Megadeth, mas o meu coração estava no Guns.

O Guns fez o *Appetite* com o produtor Mike Clink. Pouco antes de a gente agilizar tudo para voltar ao estúdio e fazer os discos *Use Your Illusion*, o Mike me falou que estava trabalhando com o Megadeth. "Como está sendo?", perguntei. "O que vocês estão fazendo?" Ele deu uma resposta solta qualquer, tipo, estão terminando os vocais, ou fazendo *overdubs*, mas não entrou em detalhes.

Aí eu escutei o álbum.

O *Rust in Peace* é um álbum ótimo.

E é um disco com uma *sonoridade* ótima também.

Eu sou muito fã do Megadeth. Para mim, o Megadeth não tem nenhum disco que "não valha a pena". Tem alguma coisa legal e memorável em todos os álbuns. O *Peace Sells...* é obviamente um marco para eles, mas o *Rust in Peace* colocou a banda no mapa de verdade. Ampliou o público deles. Transformou o Megadeth em um nome conhecido de todo o mundo, no universo do *metal*. Ele tem músicas boas pra caralho. "Hangar 18" é demais. O Marty Friedman é ótimo, obviamente. Cara, tem um monte de coisa legal pra cacete no disco. Entendo perfeitamente por que todo aniversário importante do *Rust in Peace* é comemorado como um momento fundamental para o Megadeth e o *heavy metal*.

AGRADECIMENTOS

É COM MUITA FELICIDADE QUE HÁ QUASE TRINTA ANOS escuto fãs e críticos de música proclamarem que o *Rust in Peace* é um dos maiores e mais influentes discos de *metal* de todos os tempos. Sinceramente, é uma das minhas contribuições de que mais tenho orgulho. Espero recontar a história sobre a composição e a gravação do *Rust in Peace*, ou, simplesmente, sobre a vida, se assim você quiser intitular, nos anos dedicados a esse disco. Assim que começar a ler, verá por que a gravação foi tão explosiva e volátil, e, quando terminar o livro, assim espero, entenderá a mim e o Megadeth um pouquinho melhor; pois isso aconteceu comigo.

Estou satisfeito por ter feito esta viagem pela viela da memória. Eu me lembro de muita coisa do período das gravações do *RIP*, com todo o drama, mas é muito mais detalhado, doloroso, recompensador, revelador e empolgante quando se ouve as partes ausentes e as diferentes perspectivas de quem viveu aquele período. Eu sinceramente agradeço a todos que contribuíram para este livro.

Agradeço profundamente ao extraordinário empresário Cory Brennan, e à 5B Artist Management, principalmente Chris Shields,

Bob Johnsen e Justin Arcangel. Também quero agradecer a Zora Ellis e Stephen Reeder. Nossa, como eu gostaria que a 5BAM agenciasse o Megadeth desde o início.

Esta história extraordinária foi capturada e contada pelo artífice da palavra Joel Selvin. E, é claro, obrigado a Ben Schafer; Fred Francis; Carrie Napolitano; Amanda Kain; Michael Barrs; e Anna Hall, da Hachette Books, por me ajudarem mais uma vez a lançar um envolvente e profundo olhar para aquilo que é desconhecido sobre a saga do Dave Mustaine e do Megadeth.

Quero agradecer à minha maravilhosa esposa, Pam, que constantemente me estimula a ser a melhor versão de mim; e aos nossos filhos extraordinários, Justis, meu melhor amigo, e Electra Mustaine, por me amar quando caio e sempre me encorajar a levantar. Agradeço ao nosso *webmaster*, amigo e presidente do fã-clube CyberArmy, Dave McRobb.

Obviamente, obrigado à formação do *Rust in Peace*: Marty Friedman, David Ellefson e Nick Menza. Devo agradecer também aos outros integrantes desta história: Andy Somers, Mike Clink, Micajah Ryan, Max Norman, Tony Lettieri, Randy Kertz e Bob Nalbandian.

Finalmente, estendo minha profunda gratidão aos ex-músicos do Megadeth.

Por último, mas não menos importante, obrigado, Vic.

DAVE MUSTAINE

E aí, Slash!

Quero agradecer a você por todas as vezes que a gente curtiu juntos, ainda que por um período curto, fazendo jams *ou de bobeira com o Jr. e os outros caras da banda... ou com qualquer pessoa que aparecia nos nossos apartamentos a qualquer hora.*

Espero que saiba o quanto curti aquela época. Caramba, ainda me lembro das vezes em que fiquei sentado no sofá ao lado da jiboia-constritora ou da píton que você tinha, vendo você, totalmente abismado, detonar um solo atrás do outro na guitarra sem o menor esforço.

Então, irmão querido, não precisei pensar um segundo para decidir que queria que você fizesse o prefácio do meu segundo livro e fiquei empolgadaço quando aceitou! Muitíssimo obrigado por ter escrito o prefácio deste livro! Eu simplesmente não consigo pensar numa pessoa mais legal para ter feito isso. Em outras palavras: Valeu, Chegado Filho da Mãe! Você é foda, cara!

Dave Mustaine

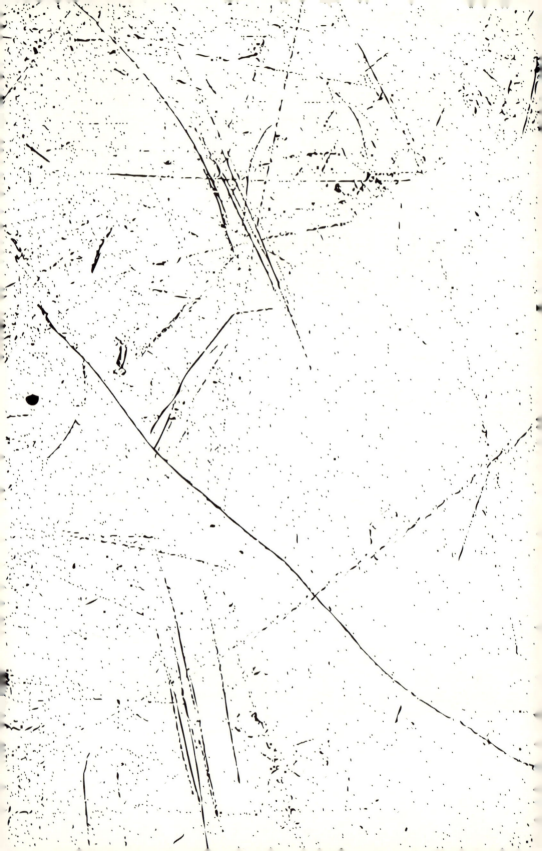

- UM -
CASTLE DONINGTON

Com frequência, pode-se encontrar inícios dentro de finais. Esta história começa em um final, a apresentação do Megadeth no dia 20 de agosto de 1988, no festival Monsters of Rock, em Castle Donington, onde a banda tocou para um público recorde de 108 mil pessoas, usando um sistema de som de mais de 100 mil watts – tão grande que entrou para o *Guinness Book of World Records* –, no dia em que também tocaram Iron Maiden, Kiss, David Lee Roth e uma banda nova de Los Angeles, cujo primeiro disco, *Appetite for Destruction*, estava começando a fazer barulho nos Estados Unidos.

DAVE MUSTAINE: Todo mundo estava viciado e, como heroína nunca é o suficiente, ninguém mais tinha, e aí começaram as crises de abstinência. O nosso baixista, David Ellefson – a gente o chamava de Junior, para evitar ter dois Daves na banda –, não segurou a onda. Ele surtou. Contou para o empresário que era viciado. Todo mundo sabia dos meus maus hábitos, mas não dos do David. Eles inventaram a mentira de que ele caiu na banheira e distendeu o pulso, mas não foi isso que aconteceu.

RUST IN PEACE

Em Castle Donington, o show rolou, mas depois as coisas começaram a desmoronar. Tínhamos acabado de finalizar a turnê americana do *Seventh Son of a Seventh Son*, do Iron Maiden, e eu achava que aquela tinha sido uma ótima oportunidade para nós. Depois do Donington, tínhamos mais sete shows em estádios como banda de abertura do Iron Maiden na Europa. O *So Far, So Good... So What!*, nosso terceiro disco, havia saído em janeiro, e tínhamos acabado de fazer o vídeo de "In My Darkest Hour" para o filme *Os anos do heavy metal: O declínio da civilização ocidental*, de Penelope Spheeris.

CHUCK BEHLER: Fui baterista da banda durante menos de dois anos. E foi nesse intervalo que a gente deixou os clubes e começou a tocar em arenas. Fazer um show como o do Donington era simplesmente inimaginável para mim, e estávamos empolgados. Já tínhamos terminado as turnês dos EUA, da Europa e do Japão e fizemos uma pequena pausa. Eu estava muito ansioso para fazer esse show, porque eu tinha o álbum *Monsters of Rock*, do primeiro festival, em 1980, com o Ritchie Blackmore's Rainbow e as outras bandas. A capa do disco tinha uma foto aérea do público gigantesco. Eu sabia que haveria muita gente. Estava meio nervoso, mas, ao mesmo tempo, louco para fazer o show.

DAVID ELLEFSON: Eu tinha o mesmo disco do Castle Donington quando era garoto, em Minnesota, ele tinha Rainbow, Quiet Riot, Scorpions, April Wine – bandas legais de que eu gostava. Era um festival mítico, lendário, que ainda mantinha o *status* de ser o *crème de la crème* de todos os festivais europeus de *rock*. Como banda americana de *metal*, o objetivo sempre foi estourar na Europa – essa era a meta principal –, porque fazer sucesso na Europa significava que a banda tinha cravado a bandeira dela e passado a ser considerada legal, conceituada. É claro que o Metallica tinha muita vantagem nessa questão, porque o baterista deles, o Lars Ulrich, é da Dinamarca. Ele sabia como aproveitar essa conexão. Mas o Anthrax também

CASTLE DONINGTON

tinha ido para lá. Assim como o Slayer. O Megadeth tinha ido só umas duas vezes, então aquele era um momento importantíssimo para nós. Mas o Metallica com certeza havia derrubado muitas portas antes de nós.

Fizemos um show de aquecimento no Ritz, em Nova York. Pegamos um voo para a cidade, tocamos no Ritz e, de lá, fomos para a Inglaterra, o que foi bom, porque nos deu uma última chance de comprar umas paradas e garantir que teríamos droga suficiente para ir de Nova York até a Inglaterra. Nenhum de nós traficava heroína. Nunca atravessávamos fronteiras com drogas nem fazíamos nada do tipo. Quando chegamos à Inglaterra e estávamos indo de carro para Donington, a onda de heroína já tinha passado totalmente para alguns de nós, que estavam começando a ficar na fissura. Eu só pensava que o Guns N' Roses estaria lá, e a gente sabia que eles chapavam. Sabíamos que eram iguais a nós, eles usavam heroína e cocaína.

CHUCK BEHLER: Ficamos num hotel antigo, em que o Guns N' Roses também estava hospedado. Eu ficava muito com o baterista deles, o Steven Adler, um cara maneiro. Ele me falou: "Este é o esquema – este é o show, cara. Não tem jeito de melhorar". Ele estava meio nervoso. Entramos no ônibus pro show e, quando passamos pela cerca e vimos a multidão pela primeira vez, foi assombroso. Era um mar de gente. Tínhamos passado o som um dia antes – eram tantas bandas, que tiveram que fazer passagem de som durante três dias antes do festival. A nossa foi no mesmo dia do Kiss e do Guns N' Roses – mas não tinha ninguém lá. Só que no dia do show o negócio foi... uau.

DAVE MUSTAINE: No hotel, na noite anterior aos shows no Castle Donington, o bar tinha uma legião de gente famosa do *hard rock*. O organizador chegou de Lamborghini Countach pra dar uma sacada na galera. Aquele era o maior show que ele tinha feito até então. Não éramos a única banda fissurada por heroína. Alguém falou que um dos caras do Guns N' Roses tinha sido assaltado nas ruas tentando descolar uma parada.

DAVID ELLEFSON: É muito difícil fazer turnê com heroína. Cocaína, maconha e cerveja são drogas fáceis de se conseguir, heroína, não. O Guns N' Roses tinha acabado de fazer uma turnê gigante pelos EUA com o Aerosmith e os caras praticamente não estavam usando. A gente era o contrário. Ficamos em um hotel na Leicester Square e os caras do Iron Maiden estavam lá. Além de sofrer com o *jetlag*, eu estava sentindo muita falta de heroína. A crise de abstinência estava pesada. Charlie, minha namorada, foi comigo, e ela tinha sido totalmente contra drogas na primeira vez que ficamos juntos, por isso eu escondia o vício dela. E de todo mundo, menos do Dave. E naquele momento a notícia se espalhou.

Chamei um médico ao hotel, e ele me receitou codeína, o que, quando se está usando heroína, parece aspirina infantil. Não faz muito efeito. O médico ficou furioso comigo e falou que eu era "um viciado americano de merda". Nosso agente, o Andy Somers, estava lá e me repreendeu, dizendo que estava muito desapontado comigo. O castelo de cartas estava desmoronando feio.

Naquela noite, a Charlie ficou num estado horrível, de tão bêbada. No dia seguinte, quando tivemos que sair para o Donington Park, ela ainda estava tão zoada, que tive que deixá-la no meu beliche no ônibus. Ela estava um caco. Enquanto isso, eu sofria com a crise de abstinência e me sentia péssimo. O dia mais importante da minha vida, o dia mais importante da carreira da banda, o nosso maior show até então e, puta merda, eu não estava totalmente presente por causa do vício. Todos os nosso heróis iam tocar lá: Iron Maiden, Kiss, David Lee Roth.

DAVE MUSTAINE: A namorada dele era realmente péssima. Muito controladora. Uma vez ela fez o Junior dispensar um grama de heroína no carpete. Pena que ele não sabia que, se enchesse um balão e o

CASTLE DONINGTON

esfregasse no carpete, toda a heroína grudaria nele. Mas ele era um viciado muito amador. Ha-ha.

CHUCK BEHLER: Eu estava na lateral do palco vendo o Guns N' Roses com o Lars Ulrich, que foi lá só pra curtir. Não tínhamos ideia do que estava acontecendo, mas a banda parou de tocar de repente. A princípio, achei que fosse alguma esquisitice, porque o Guns N' Roses estava fazendo todo o tipo de loucura naquela época. Parar de tocar no meio do show era exatamente o tipo de merda que eles fariam. Steven se afastou da bateria e apontou para o público. Achei que o vocalista Axl Rose tivesse ficado puto com alguém e pulado no meio da multidão. Ele fazia esse tipo de coisa. Mas, quando a banda continuou em silêncio e saiu do palco, ficou óbvio que mais alguma coisa tinha dado errado. Depois descobri que a multidão gigantesca escorregando de um lado pro outro no solo enlameado e empapado tinha esmagado duas pessoas na frente. Os garotos morreram, mas só ficamos sabendo bem mais tarde. Sabíamos que eles estavam machucados porque vimos a ambulância. Não sei como tiraram os garotos de lá, mas tiraram. O Dave e eu demos uma entrevista entre os shows a uma rádio local e não mencionamos nada, ainda que aquilo estivesse na nossa cabeça.

DAVE MUSTAINE: Eu não estava assistindo ao Guns N' Roses quando o pessoal morreu esmagado, mas todos sabíamos que aquilo tinha acontecido. Muita gente que estava sendo pisoteada tinha sido tirada da multidão. O lugar era horrível. O terreno declinava em direção ao palco a partir da pista de corrida lá na outra ponta. O solo estava encharcado e enlameado por causa da chuva. As cem mil pessoas no alto do terreno simplesmente escorregavam e não conseguiam se segurar. Muitas pessoas foram retiradas da ponta da frente e, pra falar a verdade, os produtores tiveram sorte que só duas pessoas morreram. Atrás do palco, havia um aterro onde eles deitaram um monte de gente ao longo do muro. Eram muitas pessoas. Passei em frente a eles a caminho do palco perguntando: "Vocês estão bem, pessoal? Você está bem? Você está bem? Você está bem?". Foi uma merda ver aquele monte de gente que tinha sido esmagada.

DAVID ELLEFSON: Eles vendiam garrafas de dois litros de cerveja e os fãs bebiam, mijavam nelas e as jogavam no palco. Quando jogavam, o mijo saía voando e fazia uma roda grande de urina de uns três metros. As pessoas jogavam lama não porque nos odiavam, mas como uma espécie esquisita de saudação, tipo as cusparadas nas bandas *punk*. Eu estava muito mal por causa da fissura por heroína. Usei o meu baixo como um escudo *viking* para me proteger da lama e das rodas de mijo. Não sei como, mas a gente conseguiu fazer o show todo.

DAVE MUSTAINE: O pessoal jogava no palco até pedaços do solo, tanto nacos de barro cheios de grama quanto lama. Às vezes, partes do gramado. Acertaram o Ellefson algumas vezes. A minha guitarra ficou toda respingada, mas sou bem ágil no palco e conseguia fugir de um lado pro outro quando via alguma coisa na minha direção, mesmo assim não demorou para eu ficar coberto de lama.

CHUCK BEHLER: O David Ellefson estava usando muita heroína e começou a sentir abstinência. Quem o viu tocando naquele dia jamais imaginaria, mas ele estava muito mal.

DAVE MUSTAINE: Fomos ao palco ver o David Lee Roth. O Lars estava lá. Há fotos do Lars, do Slash e do Axl, do Guns N' Roses, e de mim, mamando uma garrafa de Jack Daniel's no *backstage*, depois que tocamos. Estávamos todos sentados em círculo, esperando uma das outras bandas tocar. O Lars usava o chapéu do Slash. Foi uma das primeiras vezes em que trombei com ele numa situação em que fa-

CASTLE DONINGTON

zíamos algo significativo, e nós estávamos ali com tudo aquilo acontecendo ao nosso redor. Foi ali também que conheci o fotógrafo britânico especializado em *rock* Ross Halfin. Ele estava parado no meu caminho e dei uma pequena beliscada no braço dele, mas sem querer apertei com muita força. Ele puxou o braço, levantou a cabeça como se perguntasse: "Quem foi o filho da puta que fez isso?". Lars e eu estávamos lá, então nem tenho certeza de que ele sabia que fui eu. Espero que não.

CHUCK BEHLER: A gente voltou pro hotel. O Junior estava passando mal, mas passando mal mesmo. Eu não o vi agindo daquela maneira nem se sentindo daquele jeito durante o show. Eles dois fizeram algumas reuniões, obviamente, com o nosso empresário, o Keith Rawls, e o nosso agente, o Andy Somers, no quarto do hotel mais tarde naquela noite. Não tenho muito a dizer sobre isso. Eles tomaram aquela decisão e foi o que aconteceu. Eu não estava no quarto com eles. Só fiquei sabendo mais tarde naquela noite. Não foi uma reunião da banda. Mas, pra falar a verdade, eu não sabia que o David tinha ficado tão mal. Não sabia mesmo.

DAVE MUSTAINE: O Ellefson estava derretendo, de tão forte que foi a crise de abstinência dele. Sempre que eu sentia abstinência, me livrava dela à força. Eu tremia. Suava. Vomitava. Cagava. Eu usava álcool e maconha, e isso me dava força pra vencê-la. E há coisas de fácil acesso e legalizadas na Inglaterra para ajudar a pessoa a superar a crise, mas o Junior não queria mexer com nada daquilo. Ele queria voltar para casa.

Isso já tinha acontecido uma vez, mais cedo, no início daquele ano. A gente foi para o Japão e um de nós ficou sem heroína. Era para termos ido para a Austrália depois, mas cancelamos e voltamos pra casa. Isso acabou nos banindo da Austrália durante um bom tempo.

RUST IN PEACE

DAVID ELLEFSON: Eu estava passando tão mal, que só consegui engatinhar até o ônibus depois do nosso show. O Kiss, minha banda favorita na adolescência, estava entrando no palco, mas eu não conseguia nem levantar a cabeça. Enfiei-me no beliche e cobri a cabeça. Mal conseguia escutá-los tocando quando o ônibus arrancou e saímos do Donington Park para ir pegar o voo em Londres de volta para casa. Ficou combinado que Dave e eu entraríamos em um programa de reabilitação chamado ASAP assim que voltássemos. Foi patético.

Como a banda perdeu os outros shows porque a minha namorada me obrigou a cancelar as apresentações, ficou acordado que daríamos a seguinte desculpa: eu tinha caído na banheira e quebrado o braço. Esse foi o motivo oficial anunciado pelo Megadeth para justificar a nossa ausência. Eles colocaram o Testament no lugar. Foi isso que aconteceu.

DAVE MUSTAINE: Mas não foi isso. Na época, o David Ellefson culpou a Charlie por termos cancelado aqueles shows. Tenho certeza de que hoje ele admitiria que foi a doença do vício que causou aqueles cancelamentos desastrosos.

ANDY SOMERS: O Junior me procurou. Fiquei chocado com o quanto ele estava viciado e com a intensidade da crise de abstinências dele. Eu sempre soube que o Megadeth bebia? Sim. Eu sempre soube que usavam drogas, principalmente a formação original? Sim. Era pra eles terem continuado na Europa, mas cancelamos aqueles shows e fomos para casa.

DAVE MUSTAINE: Eu estava me sentindo um merda. Entendia aquilo pelo que o Ellefson estava passando porque obviamente eu tinha passado por aquilo, pela crise de abstinência e tal, mas eu não queria cancelar os shows. Aquilo foi horrível, mas também foi um certo

CASTLE DONINGTON

alívio. Estávamos indo para os Estados Unidos, e eu só pensava em ir pra casa, ficar chapado e depois entrar na reabilitação para ver como seria.

A BANDA VOLTOU para os Estados Unidos e essa formação – Dave Mustaine, David Ellefson, Chuck Behler e Jeff Young – nunca mais tocou junta.

- DOIS -
EM CASA DE NOVO

DAVID ELLEFSON: Ficou combinado que David e eu nos internaríamos em uma instituição de Van Nuys, chamada ASAP, para participar de um programa de dez dias. Durei três dias. Eu estava tão fissurado, que esquematizei com um amigo nosso para levar uma guitarra e equipamento com pacotes de heroína dentro do pedal de distorção. Logo depois estávamos ficando chapados durante a reabilitação. Esse foi o início da minha jornada até a sobriedade. Era óbvio que eu não estava preparado. A minha ideia era a seguinte: use o mínimo de drogas que conseguir e saia fora desta merda de lugar. Depois de três dias, fui pra casa. Alguns dias depois, a Charlie viu que eu não estava levando a sério o negócio de ficar sóbrio e foi embora.

DAVE MUSTAINE: Devíamos entrar para uma clínica de reabilitação no Valley chamada ASAP. Foi a primeira vez que nós dois tentamos fazer tratamento. Ele durou três dias e foi embora. Eu fiquei um pouquinho mais. Ele voltou, levou heroína escondida para o centro de tratamento em um pedal de guitarra. Eu fiquei chapado no tratamento e fiz o *checkout*. E caí matando de novo.

RUST IN PEACE

DAVID ELLEFSON: O Megadeth começou a pegar mais pesado nas drogas quando o Gar Samuelson e o Chris Poland estavam na banda. Eles eram músicos de jazz *fusion* de Dunkirk/Buffalo, estado de Nova York, que se mudaram para Los Angeles, onde tinham uma banda chamada The New Yorkers, que tocava pela cena da cidade. Eles criaram um público modesto, lotavam o Troubadour e coisas assim, mas perderam a oportunidade e não assinaram contrato com nenhuma gravadora. O Gar trabalhava na BC Rich Guitars. O Chris Poland tinha uma namorada rica. Os dois tinham capital para manter o vício em heroína e cocaína, que os acompanhou quando entraram na banda. Dave e eu já vínhamos dançando com a tal da cocaína, porque a dama branca era popular na época em L.A.

DAVE MUSTAINE: O Gar tinha me contado que alguns amigos do New Yorkers invadiram uma farmácia e roubaram um monte de supositórios de ópio. Eu costumava zoar porque pegava os caras apagados com a calça arriada.

Sempre que íamos a uma cidade nova, o Gar desaparecia. Ele ia para a parte sinistra da cidade arranjar heroína. Às vezes, ele voltava bem tarde, mas sempre arrumava a parada. Foi assim que o Chuck Behler conseguiu a vaga de baterista. Estávamos em Detroit e Gar Samuelson saiu para arranjar drogas. Ele estava demorando a voltar e Chuck enxergou a oportunidade. Ele tinha aparecido no clube na passagem de som e me convenceu de que conhecia as músicas dos discos bem o suficiente para tocá-las. Ele agilizou antes de o Gar voltar. De qualquer forma, precisávamos de um técnico de bateria e contratamos o Chuck porque, depois daquilo, eu sabia que, se o Gar vacilasse, o Chuck podia tocar. E foi exatamente o que aconteceu.

DAVID ELLEFSON: Nosso primeiro empresário, o Jay Jones, era nosso fornecedor. Foi assim que ele nos cativou. Chamávamos a situação de "heroína e hambúrgueres do Jay Jones". Ele nos alimentava e nos mantinha viciados. Foi o Jay que nos apresentou o Gar Samuelson,

EM CASA DE NOVO

em 1984, e depois o Chris Poland. Nunca vou me esquecer da primeira vez em que experimentei heroína. Estávamos ensaiando no Mars Studio, em Los Angeles, e o Gar esticou umas linhas na bancada – uma linha branca e uma linha marrom. Perguntei o que era a linha marrom. Ele falou que era chiba.

"O que é chiba?", perguntei. "Heroína", respondeu ele. Eu sabia o que era heroína por causa dos meus heróis do *punk rock* como Sid Vicious e Stiv Bators, isso para não falar do Jimi Hendrix. Eu com certeza sabia o que era heroína, mas o Gar disse: "Cara, se você quiser ser foda, tem que usar heroína". Meio de zoeira. Eu cheirei, sabendo o tempo todo que aquilo provavelmente não era uma boa ideia, mas eu estava ali, em Hollywood.

DAVE MUSTAINE: Depois do Castle Donington, a casa caiu. Mas eu não queria ficar sóbrio. Eu fazia o meu trabalho. A cocaína estava fora de controle. Sem a menor dúvida. Mas a heroína era esquisita. As duas drogas tinham idiossincrasias. Uma, você tomava, dormia e não usava mais até acordar; a outra, você usava direto, passava do ponto em que já devia ter parado e seguia na direção em que era possível se matar. Eu acordava na cama, o Ellefson entrava no quarto e colocava um espelho debaixo do meu nariz com uma linha de raio. Depois que começávamos, curtíamos direto dois dias sem parar, ficávamos acordados a noite inteira, ficávamos acordados na manhã seguinte, ficávamos acordados durante o dia, até eu não aguentar mais ficar em pé e ir pra cama. Eu nunca dormia, eu desmaiava.

Nesse momento, tive que admitir que tinha um vício. Eu achava legal fumar maconha. Achava legal beber. Achava legal ir a uma festa e dar um teco ou coisa assim. Mas eu tinha me transformado numa espécie de bandido. Não me sentia bem com aquilo. Não parava de pensar que estava igual ao Keith Richards – um viciado. Isso é legal? Eu queria voltar pra casa depois do Donington? Sim. Queria voltar pra casa e ir pra reabilitação? Não. Eu não sabia o que ia acontecer na reabilitação e estava com medo. Eu queria ir pra casa e ficar chapado.

RUST IN PEACE

A maioria dos caras que têm problemas com drogas é porque têm problemas em conseguir as drogas. Os caras que têm dinheiro e podem pegar drogas sempre que querem não têm problemas com drogas. Eles têm problema com o uso de drogas. Eu não estava preocupado nem com ficar sóbrio nem com ficar chapado; aquilo era simplesmente, naquele momento, um estilo de vida. Eu aceitava aquilo. Para mim, ficar chapado era só uma coisa que eu fazia.

DAVID ELLEFSON: Experimentei heroína e percebi que ela me sossegava, tirava a agitação da onda de cocaína, o que me permitia usar mais cocaína. Achei aquilo maravilhoso. Eu liguei para os meus amigos de infância em Minnesota e falei que levaria um pouco na próxima vez que fosse lá. E fiz exatamente isso quando Dave e eu demos uma passada rápida na fazenda dos meus pais, no início de 1986. Tínhamos terminado o álbum *Peace Sells* e estávamos indo a Nova York contratar um empresário novo e nos reunir com gravadoras grandes que tinham começado a nos cortejar. Foi nessa época que o negócio com a heroína começou a ficar problemático.

No segundo semestre de 1988, fizemos vários shows da turnê do *Seventh Son of a Seventh Son*, do Iron Maiden, nos Estados Unidos. Fomos apresentados à banda rapidamente no Met Center, em Bloomington, Minnesota, um lugar com lembranças emotivas fortes para mim. Foi lá que vi o Kiss – a primeira banda que vi na vida –, em fevereiro de 1977. Peguei AC/DC, Def Leppard, Blackfoot e muitas bandas na minha adolescência em Minnesota. Já tínhamos tocado lá com o Ronnie Dio e estávamos de volta com o Iron Maiden, duas bandas que me influenciaram demais. O nosso camarim no *backstage* era no final de um corredor, num canto, pois era melhor nos mantermos afastados. Eles tinham família com babás, carrinhos de bebê, um monte de filhos pequenos e esposas. Eles sabiam que éramos encrenca. Acho que a notícia já tinha corrido no mercado da música que usávamos muitas drogas, que pegávamos pesado e curtíamos pra cacete.

EM CASA DE NOVO

DAVE MUSTAINE: O Chuck morava em um apartamento de um condomínio em Hollywood e era só atravessar o pátio para chegarmos ao nosso fornecedor de heroína, Jay Reynolds. Na época, comprávamos aos montes – paradas de heroína e cocaína de dezessete e vinte três gramas. Chegamos a usar o Jay como guitarrista quando o Chuck estava na banda porque pensamos: "Por que não colocar na banda o nosso traficante?". Ele tinha uma banda chamada Malice e tinha o visual certo. Mas quando chegava a hora de tocar, o Jay falava que precisava pedir para o professor de guitarra dele mostrar como tocar o que queríamos. Eu pensei: "Nesse caso, por que não chamar o professor dele para entrar na banda?". Então optamos pelo professor dele, Jeff Young. Nessa época, o Jay ficou morando comigo e com o Ellefson em um lugar em Silver Lake que chamávamos de Ranch. Eu tive que ir pra casa e falar com o Jay que tínhamos contratado o professor dele e que ele estava fora. Aquilo não foi fácil, mas conseguimos manter a amizade, porque o Jay queria continuar a ser o nosso traficante. O Chuck estava rolando morro abaixo com o crack e piorava a cada dia. Ele começou a vender as partes de uma valiosa bateria Sonor Bubinga que ele tinha. Quando estávamos em Nottingham, na Inglaterra, em março de 1988 – na noite anterior ao inesquecível show em Antrim, na Irlanda do Norte –, o Chuck não apareceu para a passagem de som e o nosso técnico de bateria, Nick Menza, assumiu as baquetas. Soubemos que o Chuck tinha se tornado passado e que o Nick seria a nova era.

CHUCK BEHLER: Nunca perdi um show. A única coisa que eu fazia, de vez em quando, era deixar o Nick tocar para eu ver da pista como estava o som da bateria. Muitos técnicos não estavam acostumados com aquela bateria rápida, e, se o som não ficar bom em grandes arenas, aquilo vira uma barulheira sem sentido. Então eu descia até a pista e deixava o Nick tocar, não necessariamente com a banda, mas para fazer um solo, ou tocar os bumbos com pedal duplo, ou algo do tipo, para eu saber como estava o som no lugar. Talvez tenha sido assim que o Dave percebeu que o Nick tocava bem, mas eu nunca perdi nenhum show.

RUST IN PEACE

DAVE MUSTAINE: A música "Holy Wars" teve origem em Antrim, na Irlanda do Norte. No show, saí para dar uns autógrafos. Passei por um garoto de cabelo vermelho diante de uma cerca gigante de uns seis metros. "Vai se foder, Dave Mustaine", xingou ele antes de cuspir em mim. Fiquei furioso, mas, quando cheguei ao *backstage*, descobri que cuspir – eles falavam cusparada – era um sinal de respeito dos *punk rockers*. Respeito? Sério? Quando entrei de novo, ouvi por um *walkie-talkie* que tinha alguém dentro da casa de shows vendendo camisa pirata do Megadeth. Falei para o segurança achar o cara. Quando o encontraram, ele disse que estava vendendo as camisas para A Causa. Eu não tinha ideia do que aquilo significava, mas soou legal pra mim.

Eu estava no bar, ainda puto por terem cuspido em mim, conversando com o pessoal de lá e tomando uma Guinness, quando um cara me disse que, se eu desenhasse uma cara feliz na espuma da cerveja, sempre teria um parceiro para beber. Achei aquilo bonitinho, desenhei um rosto na espuma e comecei a dar goles de Guinness. Aí tive a ideia de perguntar àquele irlandês gente boa: "O que é 'A Causa'?".

Ele me contou que a Irlanda estava dividida entre os católicos e os protestantes e que eles não se gostavam. Mas o cara não entrou em detalhes. Aquilo estava na minha cabeça quando subi no palco. Era a primeira vez que tocávamos lá e todo mundo estava pirando. Tinha um garoto atrás das grades jogando moedas em mim. As moedas eram pesadas, tipo três moedas de US$ 0,25 presas com fita adesiva. Quando elas acertam, deixam marca. O cara ficou jogando aquelas coisas. Tirei a guitarra, gritei com o cara e o show parou. Fui para trás dos amplificadores esperar o sinal para voltar e começar a tocar de novo. Estava rolando a convencional Sodoma e Gomorra atrás da parede de amplificadores, onde a equipe de palco ficava tomando Schnapps de menta e cheirando carreiras. Aqueles caras estavam se divertindo mais do que eu, ainda que eu já tivesse visto alguns parceiros de bebida rindo de canto a canto. Tomei um *shot* de Schnapps, mandei pra dentro um pouco de tudo o que estava rolando e voltei pro palco. Doidão com tudo o que tinha usado e olhando para o público, uma música do Paul McCartney me veio à cabeça, e pensei: "Se é bom pro Sir Paul, é bom pra mim". Eu me aproximei do microfone e disse: "Devolva a Irlanda aos Irlandeses. Esta é para A Causa".

Entramos arregaçando com "Anarchy in the UK", do Sex Pistols, que mudamos para "Anarchy in Antrim" para a ocasião. Foi como se eu tivesse soltado uma bomba na plateia. Aquilo dividiu o público bem ao meio, protestantes e católicos. Fomos escoltados pra fora da cidade naquela noite em um ônibus à prova de balas, embora eu ainda não tivesse me dado conta da enormidade da minha gafe. Na manhã seguinte, comecei a entender quando percebi que o David Ellefson não falava comigo. Saímos de Dublin e fomos para Nottingham, que foi onde o Nick Menza fez a passagem de som no lugar do Chuck Behler. Com tudo vívido na cabeça, comecei a escrever a letra que se tornaria "Holy Wars": *Irmão matará irmão, espalhando sangue pela terra, matar por religião, coisa que eu não entendo*[1].

DAVID ELLEFSON: Estávamos prontos para dar o próximo passo em questões de gestão. Nosso agente publicitário na Capitol Records, que já tinha trabalhado na Elektra, conhecia o Doug Thaler, empresário do Mötley Crüe. O Thaler era sócio do Doc McGhee, da poderosa firma McGhee Entertainment. Fizemos uma reunião com o Doug, e ele pegou um voo para ver um show nosso da turnê do *So Far, So Good... So What!*. Depois do show do Donington, fizemos a transição para a McGhee Entertainment. Uma das principais coisas que o McGhee disse a mim e ao Dave no escritório na Sunset Boulevard foi que eles esperavam que as bandas trabalhassem muito e fossem produtivas, porque estavam naquilo para ganhar muito dinheiro. "Não interessa o que fazem nem qual é a sua onda, mas, arregaçados de drogas, não têm como ser produtivos. Nós ajudamos vocês

---

1 *Brother will kill brother spilling blood across the land, killing for religion, something I don't understand.*

a conseguir ajuda, mas, se não ficarem sóbrios, não queremos nada com vocês. Não vamos ficar arrastando *rock stars* incapacitados pelo mundo afora." Eles fizeram o Mötley Crüe e alguns caras do Bon Jovi se livrarem das drogas, e essa era a exigência deles.

CHUCK BEHLER: Não fiz reabilitação, mas usava só um pouquinho de vez em quando, então, para apoiá-los, tentei não fazer aquilo perto deles quando voltaram. Isso durou algumas semanas. Não é um negócio fácil de se fazer. Não é fácil. Como o Dave diz, você tem que querer parar, só assim consegue. Fora isso, pode se fazer de bobo o quanto quiser.

DAVE MUSTAINE: Não estávamos prontos. Ficávamos acordados a noite inteira usando drogas. Na manhã seguinte, você sabe o que acontecia. O Ellefson entrava no meu quarto e falava: "Ei, acorda. Cheguei. O espelho está aqui. Vamos nessa". A minha vida tinha ficado descontrolada. Chapar era a única coisa que importava para mim. A música ficou em segundo lugar, e a minha noiva, Diana, ficou em segundo lugar. Chegou um momento em que me drogar tinha se transformado em tudo e nada ao mesmo tempo.

DAVID ELLEFSON: O Dave e eu começamos a compor músicas para gravar a *demo*, em novembro de 1988. Nosso empresário, o Doug Thaler, ia ao meu apartamento em Cherokee e escutava as músicas que estávamos compondo. O Doug sempre comentava que a gente compunha uma música, a levava até a perfeição e depois forçava um pouco a barra, acrescentava partes demais e a deixava exageradamente intrincada. Com base no que estava na MTV na época – Mötley Crüe, Twisted Sister, Winger, Dangerous Toys, Nelson –, ele provavelmente tinha razão.

EM CASA DE NOVO

Bem nessa época, conseguimos uma grana da Capitol Records – o Jeff Young tinha sido dispensado, mas o Chuck Behler ainda era o nosso baterista – e organizamos um orçamento para começar a trabalhar no material para o nosso próximo disco, que seria, é claro, o *Rust in Peace*.

- TRÊS -
A *DEMO*

DAVE MUSTAINE: As lembranças dos detalhes do David Ellefson são muito mais confiáveis do que as de qualquer outra pessoa. Datas, horários, lugares etc. O David deve ter feito um diário com tudo isso.

CHUCK BEHLER: Nós finalmente começamos a ensaiar para o *Rust in Peace*. Fizemos uma gravação em quatro canais de algumas músicas e fomos ao Music Grinder – onde eles tinham produzido o *Peace Sells* – pra fazer uma *demo* melhor de quatro músicas. A "Holy Wars" foi uma delas e algumas das outras tinham nomes diferentes – a música "Rust in Peace" e mais duas. Durante três dias, ficamos só nós três no estúdio. O Casey McMackin, que já tinha trabalhado com a gente, foi o engenheiro de som das sessões, em parceria com o Dave. A sintonia entre nós estava boa, eu achava. Quando a gente finalmente começou a trabalhar no material, achei que a música estava fantástica. Eu estava ansioso para mostrar muito mais habilidade na bateria do que no disco anterior. Naquele álbum, entrei muito depressa, basicamente aprendi as músicas no sofá e tive umas três semanas pra ensaiar. Não tive tempo de fazer nada rebuscado, embora o Dave também não quisesse muitas viradas extravagantes nem firulas. Ele queria que fosse mais direto, pesado, *thrash-heavy-heavy*, então eu fiz o meu melhor para atendê-lo. Em alguns ensaios, o Dave e eu ficávamos sozinhos passando partes de "Holy Wars", tipo o final dela, e o Dave tinha um domínio impressionante das partes de guitarra dele. Ele podia estar mais chapado que o capeta, mas, quando chegava a hora de tocar guitarra, nunca havia problema.

DAVID ELLEFSON: Ensaiávamos num estúdio minúsculo, escuro e sujo, perto do Dodger Stadium, em Echo Park, chamado Hully Gully. Eu estava usando tanta cocaína, que comecei a ter feridas. A gente compôs três músicas e fizemos uma *demo* delas num estúdio em North Hollywood chamado Amigo Studios, que na época era meio decadente e surrado, mas que tinha ficado famoso por causa do produtor Michael Wagener e de todos os discos nos quais ele trabalhou durante boa parte dos anos 1980. Ele tinha mixado o disco *So Far, So Good... So What!*, mas também o *Master of Puppets*, do Metallica. O cara havia feito discos do Dokken, do Accept, o currículo dele era recheado de discos de *metal* realmente excelentes e muito populares na MTV.

Gravamos essas três músicas e sabíamos de um engenheiro novo chamado GGGGarth Richardson, que usava literalmente esse nome nos créditos. Ele era chamado de GGGGarth, é claro, porque gaguejava. Ele despontou depois e se tornou um produtor de sucesso ao longo do final dos anos 1990 e na primeira década dos anos 2000, mas, naquela época, era só engenheiro. Ele ajudou na composição. As três músicas que fizemos foram "Holy Wars", que estava bem desenvolvida e quase que integralmente composta e pronta; "Polaris", que também estava composta e praticamente pronta, mas o nome dela ainda não era "Rust in Peace... Polaris". O nome de trabalho da outra música era "Child Saints", em que o Dave pôs uma letra com uma melodia que nunca chegou a ser finalizada. A parte instrumental daquela música estava pronta e ela acabaria se tornan-

A DEMO

do "Tornado of Souls", mas o Dave só daria o título de "Tornado of Souls" quando já estávamos gravando o disco *Rust in Peace*.

Usamos o engenheiro do disco *Peace Sells,* um cara chamado Casey McMackin, para acrescentar uns últimos *overdubs* e mixar as três músicas da *demo* em outro estúdio chamado Track Records. A gente adorava o Casey. Achávamos que ele entendia o Megadeth. O cara era roqueiro de verdade. Por mais estranho que possa parecer, o gerente do estúdio era um amigo meu, Alan Morphew, baixista e vocalista de uma banda de que fiz parte por pouco tempo em Iowa chamada Renegade. O Al foi um dos vários amigos que me seguiram quando me mudei para Los Angeles, em 1983.

CHUCK BEHLER: Quando começamos a trabalhar no disco *Rust in Peace* estava rolando muita droga. Acho que o Dave afundou ainda mais no vício e estava usando muita cocaína, o que o deixava paranoico. Ele achava que as pessoas estavam contra ele.

DAVID ELLEFSON: Nessa época, fiquei amigo do Slash. Ele havia acabado de voltar da turnê do *Appetite for Destruction* e tinha um apartamentinho ferrado atrás da Tower Records, perto da Sunset Boulevard. O Slash era igual ao Dave e a mim, gostava de cheirar heroína, cheirar cocaína e tocar. Ficamos muito amigos. A gente curtia muito juntos, nós três, mas principalmente o Slash e eu. A gente ficou muito chegado e vivia fazendo som juntos.

DAVE MUSTAINE: O David tinha se mudado do Ranch para um apartamento na Cherokee com a namorada. Era nesse lugar que ele, eu e o Slash curtíamos. Ficamos muito amigos e até chamamos o Slash para entrar na banda. Ele achou aquilo esquisito, o disco deles estava explodindo como um foguete, mas ele chegou a considerar de verdade.

RUST IN PEACE

DAVID ELLEFSON: Uma noite, Dave e eu meio que fizemos a proposta ao Slash: "Ei, o que você acha de entrar no Megadeth?". Estávamos ficando bem chegados e nos divertindo muito tocando e compondo. Acho que ele precisava de um tempinho longe do Guns N' Roses, e o nosso esquema era mais coisa de amigos, só que chegamos mesmo a dar a ideia e levantar a questão. Mas acabou não rolando nada sério.

DAVE MUSTAINE: Precisávamos de um guitarrista. Liguei para o Dimebag Darrell Abbott, do Pantera. A gente se conhecia de fazer turnê juntos. O cara tinha uma das minhas letras tatuadas na perna. Ele sempre mandava uma tatuagem de alguma coisa que o fizesse se lembrar das turnês. Quando eles saíram em turnê com a gente, ele tatuou uma parte da minha música "Sweating Bullets" na canela. A música é sobre uma frase de um dos livros espirituais que li e fala de um sorriso de dentes pretos. *Um dia você também conhecerá a minha dor e abrirá um sorriso de dentes pretos*[2]. O Dimebag gostava do verso sobre o sorriso de dentes pretos, e eles inventaram um drinque que batizaram de *black-toothed grin*, em vez de um copo de Coca com um *shot* de uísque, era um copo de uísque com um *shot* de Coca. Aqueles caras bebiam muito. O Dimebag era um guitarrista excelente a mandava muito bem no *shred*. Ele gostou da ideia de entrar na nossa banda, disse que queria. Eu achava que aquilo seria a melhor coisa de todos os tempos, mas aí ele perguntou se podia trazer o irmão. Ele fundou o Pantera com o irmão, Vinnie Paul Abbott na bateria. Nós já tínhamos um baterista. O Dimebag não negociava aquilo. Ele não viria sem o irmão. Até hoje, eu me pergunto, estupefato, o que teríamos feito com o Vinnie e o Darrell.

DAVID ELLEFSON: Tínhamos entrado em contato com o Diamond Darrell, do Pantera, que mais tarde ficou conhecido como Dimebag

---

2 *Someday you too will know my pain and smile its blacktooth grin.*

A DEMO

Darrell, mas que na época era Diamond Darrell. Eu o tinha conhecido uma noite em Dallas, no verão de 1988, e tomamos todas. Na noite seguinte, fui ver os caras tocarem em um clube em Dallas, e a banda era foda pra caralho. Eles eram excelentes, supercoesos. Os caras me convidaram pra tocar "Peace Sells" com eles, e eu fui. Aqueles sujeitos conseguiam beber muito e tocar pra caralho. E o Darrell, sem dúvida, era uma estrela da guitarra. Ele era aclamado em revistas de guitarra, e o sucesso do Pantera era modesto, uma coisa em nível mais regional. Falei com o Dave sobre Darrell e o chamamos. Basicamente, ele falou que ou o irmão ia com ele ou nada feito. Nós já tínhamos o Nick, então recusamos e seguimos em frente. Também estávamos pensando em chamar o Jeff Waters, do Annihilator, para ser nosso outro guitarrista. Não sei se chegamos a entrar em contato com o cara, mas a banda dele, o Annihilator, estava despontando, ficando famosa, então ele basicamente estava indisponível, quer tenhamos entrado em contato com ele ou não. Nós demonstramos interesse e ele recusou.

DAVE MUSTAINE: Não sei se o Jeff Waters recusou ou aceitou a oferta do David Ellefson, porque não me lembro da gente fazendo a proposta a ele oficialmente. Acho que ele é um grande guitarrista, mas o Annihilator é a parada dele.

CHUCK BEHLER: Nossos empresários eram Doug Thaler e Doc McGhee e recebíamos o calendário dos ensaios em folhas de ouro pelo correio. Dava uma sensação de profissionalismo, coisa de primeira. Mas, na hora de ensaiar, ninguém aparecia. Eu ia e ficava horas esperando. Às vezes o Junior aparecia. Começou a ficar raro nós todos nos reunirmos. Um sinal nada bom.

DAVID ELLEFSON: O Dave e eu começamos a usar muito crack. Tinha crack pra todo o lado, principalmente no bairro em que eu morava, ali na região da Cherokee. Usávamos muita heroína todo dia. E eu simplesmente derretia. Não aguentava mais aquilo. Eu estava namorando a mulher que se tornaria a minha esposa, a Julie Foley, que trabalhava para o Doug Thaler, na McGhee Entertainment, o que, é claro, era meio esquisito, porque eu estava namorando com a moça do escritório, e ela estava namorando com o cliente, o que é de certa maneira um tabu, mas a gente se curtiu. A Julie ia ao apartamento na Cherokee, onde o Dave e eu fumávamos crack, usávamos heroína, e eu sempre tinha que esconder dela. As coisas estavam ficando muito estranhas.

DAVE MUSTAINE: Eu não gostava da namorada do Ellefson, a Julie Foley. Ela ia ao nosso apartamento, via que a gente estava chapando e me dedurava para o Doug Thaler, contava que eu estava usando heroína. É claro que o Ellefson também estava usando. Todo mundo estava fazendo aquilo. Mas depois que a Julie deu com a língua nos dentes para os empresários, eles quiseram me mandar para um centro de tratamento chamado Scripps La Jolla, em San Diego.

CHUCK BEHLER: Os empresários nos puseram em contato com Bob Timmons, um especialista em reabilitação de estrelas. Ele tinha ajudado os caras do Mötley Crüe a ficarem sóbrios. Eu concordei em participar daquilo para dar apoio ao Dave. Nós iríamos de carro a San Diego, para dar entrada no Scripps. Era para a limusine pegar o Timmons primeiro, mas acabou buscando o Dave antes. Ele chegou à minha casa com umas três horas de atraso, só o Dave e a limusine. E uma montanha de pó. Ele falou que não íamos pegar o Bob até aquilo acabar. Ficamos rodando de carro por Hollywood durante mais uma hora e meia, chapando loucamente. Por fim, implorei ao Dave para irmos buscar o cara, senão a Capitol dispensaria a gente. Então fomos buscar o tal do Timmons. Assim que ele entrou na limusine, viu o que estava acontecendo, mas ficou de boa e começamos a seguir na direção de San Diego. Uns quinze minutos antes de chegarmos, o Dave falou que estava com fome e quis parar em um Jack In The

A DEMO

Box. Aquele cara, sendo um especialista em lidar com viciados, devia saber todos as malandragens, certo? Eu não estava com fome, então fiquei no carro e eles saíram pra comprar comida. O Dave ficou no banheiro do Jack In The Box meia hora. Ele saiu e, em vez de estar todo falante por causa da cocaína, era evidente que ele tinha usado um monte da outra droga. De volta à limusine, o Dave ficou olhando para o seu hambúrguer e o Bob, claro, sacou. Ele perguntou se o Dave tinha mais alguma coisa para entregar a ele antes de chegarmos à clínica. O Dave fez cara de quem estava surpreso, como se dissesse: "Do que você está falando?". E começou a olhar de novo, dando umas pescadas. O Timmons perguntou por que ele tinha ficado cansado de repente. "Deve ter sido o molho Jumbo Jack", respondeu o Dave.

DAVE MUSTAINE: Eu estava querendo tentar o tratamento. Eles tinham um cara sinistro chamado Bob Timmons, que havia sido de uma gangue na prisão. A nossa agência recrutou o Bob para me levar até lá, porque o empresário do Aerosmith, Tim Collins, era, por assim dizer, o herói do Ron Laffitte, nosso empresário. Eu logo saquei que o Bob não era um dos caras da gangue, e sim uma das garotas. O Timmons ficou pegando pesado comigo porque eu queria fumar um baseado, mas tinha esquecido em casa. Eu queria voltar para pegar. O Timmons falou que não. Fiquei puto na hora e não quis mais ir. A minha recordação da ida de Hollywood ao La Jolla sou eu enfurecido e aquele cara tentando pagar de durão, de esperto, babando chavões e pontificando sobre sobriedade. Eu não estava nem aí, só queria fumar um baseado, dar tchau e depois ir ficar sóbrio. Não sei se é inteligente nem se as pessoas fazem isso, mas eu estava de luto pela minha amiga, a doença, e queria dar adeus a ela e tentar ficar sóbrio. Aquilo não funcionou. Fui pro centro de tratamento e fiquei lá mais ou menos uma semana, antes de não aguentar mais e ir pra casa.

DAVID ELLEFSON: Entramos em contato com o intervencionista Bob Timmons, e ele me ajudou a ir para o Brotman Hospital, em Los

Angeles, no início de fevereiro de 1989. O Dave foi para o Scripps Hospital, em San Diego. O Doc McGhee foi bem claro: se esses caras saírem da reabilitação, vamos dispensá-los. Estava na hora de levar aquilo a sério. Umas duas semanas depois da internação, o Dave foi embora. Quando soube que o Dave tinha saído, também dei o fora. Na verdade, tinha começado a me sentir muito bem na reabilitação. Estava bem desintoxicado. Eu tinha começado a ir à academia de vez em quando. Participava de reuniões que trabalham os doze passos no Brotman, e as luzes estavam se acendendo. Pela primeira vez, comecei a achar que talvez conseguisse me separar daquelas drogas. Mas assim que soube que o meu parceiro de crime estava fora, vazei também. É impressionante como a mentalidade de viciado é ativada na hora: "Foda-se... tô fora". Todas as minhas boas intenções desapareceram imediatamente.

Disseram duas coisas na reabilitação que ficaram na minha cabeça. Primeiro, falaram que eu só precisava mudar uma coisa: tudo. Aquilo me assustou. A outra coisa que disseram foi que não tinham como tirar o talento de uma pessoa: "Fique aqui, conquiste a sobriedade, passe pelo processo, e o seu talento estará esperando por você quando estiver limpo".

Nessa época, havia toneladas de *rock stars* ficando sóbrios: os caras do Aerosmith; do Mötley Crüe; David Crosby; Doug Fieger, do Knack. A cena sóbria de L.A. era o que estava entrando na moda, *rock stars* participando das reuniões era a nova onda. Na realidade, de uma hora para a outra, drogas e álcool deixaram de ser legais e a indústria pararia de investir dinheiro em *rock stars* fodidos e drogados. Isso estava claro.

Na reabilitação, eu ficava pensando: "Meu Deus, se eu conseguir sair, vai ficar tudo bem. A minha vida está lá fora". Mas assim que me vi fora das paredes do Brotman, soube que tinha feito a coisa errada. Não devia ter saído.

Durante as duas semanas em que fiquei lá, com crise de abstinência, me livrando da heroína, eu ia a reuniões num auditório enorme e, completamente fodido, rezava. Pedia a Deus para me ajudar a não me sentir tão na merda. Dez minutos depois, eu estava lá, prestando atenção em quem falava e percebia que meus ossos tinham parado de doer. Estava prestando atenção em quem falava, e não chafurdado em autopiedade. Eu rezava, e o resultado me atingia. Aquilo me fez perceber algo.

Um tempo depois disso, saí da reabilitação e outra coisa que me disseram começou a martelar na minha cabeça. Eles falaram: "Se você sair da reabilitação e voltar a se drogar, você vai começar no estágio em que parou. Não é como se você fizesse um *reset* e voltasse para a época em que tinha quinze anos, quando podia tomar duas cervejas e ficar todo feliz. Você vai voltar exatamente para o estágio em que parou".

Fui direto procurar o Jay Reynolds. Ele estava apagado, chapado e eu bati na porta até ele atender. O Jay quis saber por que eu não estava na reabilitação, falou para eu ir embora de lá, que era para eu ficar sóbrio. Mas fiquei implorando sem parar e ele acabou abrindo a porta pra eu entrar. Usei um pouco de heroína. Usei um pouco de cocaína. E depois de algumas horas eu estava na pior fissura que já tinha sentido na vida, exatamente do jeito que falaram na reabilitação.

Naquela noite, no meu apartamento na Cherokee, eu estava de volta ao esquema: a correria insana pra ficar doido, a fritação pra saber como conseguir dinheiro, quebrado do jeito que eu estava, e, porra, no dia seguinte a fissura ia bater.

Felizmente, no dia seguinte, um amigo foi ao meu apartamento e sentou na minha frente. Ele me disse que eu vivia a realização de um sonho que milhões queriam, mas estava cagando tudo. Falou que era um desrespeito com todas as pessoas que algum dia tentaram aquilo, porque eu tinha a oportunidade na palma da mão e a estava jogando fora. Ele também falou que aceitar ajuda era um sinal de força, não de fraqueza. "Então entre no carro", disse ele. "A gente vai voltar pra reabilitação. Vamos nessa."

De alguma maneira, ele conseguiu me convencer. Entrei no carro e ele me levou de volta pro Brotman Hospital. Voltei pra reabilitação e, dessa vez, fiquei lá um mês. Enquanto isso, durante as 24 horas que fiquei fora da reabilitação, a McGhee Entertainment cumpriu a promessa e nos retirou da lista de clientes deles. Ou seja, não tínhamos empresário, não tínhamos guitarrista e estávamos fodidos.

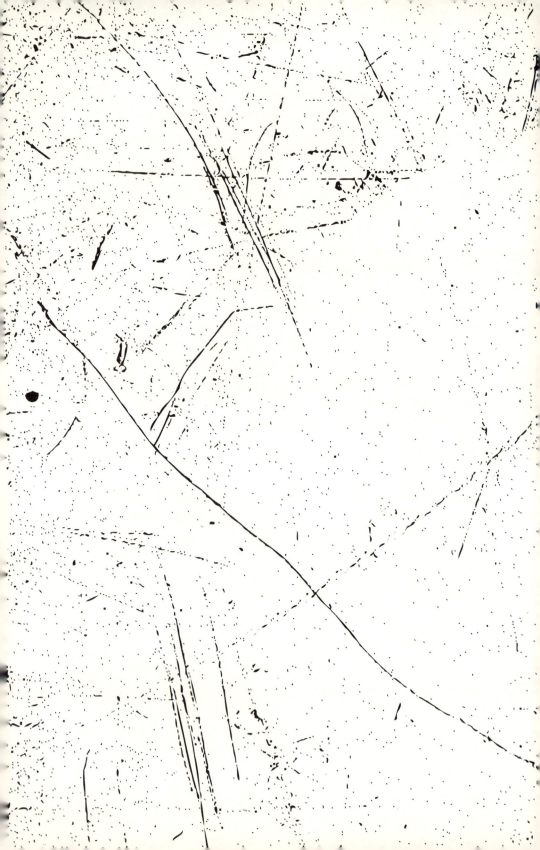

- QUATRO -
BATERISTAS

DAVE MUSTAINE: Quando chegou a hora de fazer o *Rust in Peace*, a gente ainda estava quebrando o pau: bebendo, fumando, colocando heroína na ponta do cigarro. No final da noite, quando as drogas acabavam, guardávamos só o suficiente pra colocar em um último cigarro. A combinação de nicotina com heroína e crack fazia a gente desmaiar. Em vez de ir dormir e acordar, a gente apagava e chegava à manhã seguinte. A única coisa que acabava com a minha onda de cocaína era colocá-la em um cigarro com um pouco de heroína, e aí eu desligava. A gente costumava andar pela cidade na van do Junior, chapados até não poder mais, e brotava uma letra aqui, um *riff* ali.

DAVID ELLEFSON: Eu voltei pra reabilitação. Fiquei quase todos os vinte e oito dias do programa. Dessa vez, eu acabei ficando fissurado lá dentro e aprendi a fumar heroína. Os amigos de um cara iraniano levavam heroína persa escondida pra ele. O sujeito me ensinou a fumar heroína em embalagem de cigarro Winston. O maço de Winston era o único com folha de alumínio legítima. Então fiquei chapando de novo na reabilitação. No dia da minha formatura, depois de vinte e oito dias, eu liguei o foda-se – nem estava sóbrio. Abandonei. Foi nessa época que o Dave e eu começamos a fazer o circuito das clínicas de metadona. Aí viciei em metadona, ou seja, estava usando heroína, cocaína e metadona. Eu ia à clínica de metadona de manhã e algumas horas depois estava cabeceando de chapado e precisava de cocaína. Aí eu ficava tão ligado por causa da cocaína, que precisava de heroína para baixar a bola. Nessa hora, eu estava doido de todas as três.

DAVE MUSTAINE: No Brotman, o Ellefson conheceu um árabe que fumava heroína. Ele arrancava a folha de alumínio do maço de Winston para fumar heroína. Era assim que os caras chapavam no tratamento.

DAVID ELLEFSON: Quando saí do Brotman, meu amigo Richard me deixou morar na casa dele em Santa Monica, e, às vezes, o Dave apagava lá também. O Richard estava realmente sóbrio. Ele fazia reuniões do AA na casa dele e, é claro, eu ainda chapava e saia de fininho pra fazer a cabeça. O Dave e eu estávamos completamente falidos. Não tínhamos dinheiro para comprar cigarro, pra por gasolina no carro, pra nada. Quando chegamos à beira do abismo, o Dave recebeu um cheque de direitos autorais do Metallica no valor de cinco mil dólares e vivemos com aquilo muito tempo.

Ainda estávamos ficando na Cherokee quando o Citibank achou que era uma boa ideia mandar um cartão de crédito da American Airlines com limite de saque de cinco mil dólares. Fui ao caixa eletrônico, saquei duzentos dólares, peguei o carro, parti direto pra casa do Jay Reynolds e peguei uma paranga de heroína. Eu ainda estava chupando os farelos do cartão de crédito na casa do Richard quando ele falou que o amigo dele, Tony Meiland, era empresário do Fine Young Cannibals, cuja música "She Drives Me Crazy" estava, tipo, em primeiro lugar na MTV.

BATERISTAS

DAVE MUSTAINE: O Metallica estava ganhando milhões, e eu recebia cinco mil dólares a cada seis meses, mais ou menos. Ainda assim, continuávamos cuidando um do outro.

DAVID ELLEFSON: Na primavera de 1989, devolvemos os apartamentos na Edgecliffe Terrace e na Cherokee, e o Dave e eu nos mudamos para um apartamento de dois quartos, em um pequeno condomínio chamado Studio Colony, na Vineland Avenue, em Studio City. Usamos muita droga lá.

CHUCK BEHLER: O Dave estava piorando. Todos nós estávamos piorando, mas principalmente o Dave. Ele começou a não ir a reuniões. Uma noite, tínhamos que encontrar alguém da gravadora em um restaurante e ninguém conseguia localizar o Dave. Eu o achei. Não lembro como chegamos ao restaurante. Ele estava muito despirocado. Batia cinza na salada e pedia bebidas. Eu ficava dias sem falar com ninguém, aí recebia uma ligação avisando de um ensaio marcado para um determinado horário e ninguém aparecia.

DAVID ELLEFSON: Na época do Studio Colony, o Dave e eu estávamos muito detonados, a gente ficava acordado a noite inteira curtindo, dormia o dia todo e perdia o ensaio. Acordávamos às cinco ou seis da tarde. Geralmente, cheirávamos uma linha de pó para conseguir sair pela porta e ir ensaiar.

DAVE MUSTAINE: Não sei se eu era tão alcoólatra quanto viciado em cocaína e heroína, porque, se não usasse cocaína, eu não bebia. Se eu bebesse, usava cocaína e aí bebia mais. E, assim que eu usava cocaína, precisava de heroína, porque eu ficava muito agitado. Eu adorava o gosto da cocaína, mas odiava o que ela me fazia sentir.

RUST IN PEACE

DAVID ELLEFSON: Nessa época, o Ron Laffitte começou a nos rodear. Ele havia sido gerente de turnê do Armored Saint. Tinha cabelo ruivo comprido e parecia uma versão legal e feliz do Bruce Dickinson. A intenção dele era empresariar o Megadeth e sabia que era por meu intermédio que ele chegaria ao Mustaine. No verão de 1989, ele me pagou um jantar em um restaurante mexicano na Melrose Avenue, querendo se aproximar do Megadeth.

Tínhamos encontrado o Ron antes, quando ele trabalhava com o Rod Smallwood. Na época do *So far, So Good... So What!*, fizemos uma reunião no escritório do Rod Smallwood, na Highland Avenue, em Hollywood. Na ocasião, o Rod estava no auge. O Iron Maiden era famosíssimo. Ele tinha acabado de assinar com o Poison e levado a banda para a Capitol Records. Ele tinha assinado com o W.A.S.P. O Rod tinha um plantel excelente, era basicamente o embaixador de tudo o que envolvia *heavy metal* e *hard rock* na Capitol Records e na EMI. O Rod não entendeu muito bem o Megadeth ou não se interessou o suficiente. Creio que ele achou o Megadeth um pouco sujo e bruto demais, então aquela reunião com o Ron não deu em nada.

Um ano depois, o Ron voltou a rodear a gente. Falei com o Dave que devíamos fazer uma reunião com o tal do Ron Laffitte. Estávamos sem empresário. O Tony Meiland aparecia e desaparecia. A McGhee Entertainment era coisa do passado. O Ron tinha o temperamento certo. Era um cara legal, atencioso, trabalhava muito. O negócio dele era empresariar. Havia estudado administração. Tinha contatos na EMI, na Capitol e na EMI Music Publishing. Empresariar o Megadeth se transformou no objetivo de vida dele. E a gente decidiu fechar com ele.

Numa tarde, voltei ao Studio Colony depois de descolar umas drogas e o Ron estava de bobeira com o Dave na cozinha. Eu desmoronei e comecei a chorar. O Ron olhou nos meus olhos, ele também estava meio que lacrimejando, e abriu o jogo comigo. "Se quer ajuda de verdade", disse ele, "vou fazer tudo que eu puder e vou largar tudo para ajudar você." E eu falei: "Quer saber? Eu quero. Eu quero ajuda".

BATERISTAS

Ele apresentou a gente a um hispânico que ajudava dependentes em drogas e álcool chamado John Bocanegra. Dave e eu começamos a participar de sessões particulares com o John. Eu me encontrava com ele duas vezes por semana. Começamos a fazer reuniões da banda com o cara. O Ron estava pegando uns conselhos com o Tim Collins, o empresário do Aerosmith, que conseguiu arrastar aqueles caras para a reabilitação e levá-los à sobriedade.

DAVE MUSTAINE: Eu estava em tratamento com um tal de Dr. Marks, que, ironicamente, tinha sido indicado por um dos nossos traficantes. Ele vinha conseguindo bons resultados com alguns dos caras do Guns N' Roses usando uma droga experimental chamada buprenorfina. A droga amenizava os efeitos da falta de opioide, era uma injeção que funcionava instantaneamente, embora fosse difícil pra mim ficar acordado quando a tomava. Ele também estava me dando outro medicamento em comprimido.

DAVID ELLEFSON: O Dr. Marks, um médico que conhecíamos em Hollywood, tinha um medicamento chamado buprenorfina, produzido pela Burroughs Wellcome, uma empresa que hoje em dia poderia ser comparada à Suboxone. A gente enchia uma seringa pequena com o medicamento que ficava em um jarro e aplicava na gordura da barriga ou da bunda. O Dave e eu usávamos aquele negócio. Acho que o Slash também fazia esse tratamento com o Dr. Marks. Ele estava tentando ajudar *rock stars* a se livrarem do vício sem terem que passar por exageradas, demoradas e caras internações em clínicas de reabilitação.

DAVE MUSTAINE: O Chuck estava de mal a pior. O Junior o viu saindo debaixo de uma casa do bairro, onde ele estava fumando crack.

RUST IN PEACE

DAVID ELLEFSON: Chuck Behler também estava na pior. Ele morava em um apartamento em Hollywood com a namorada e o bebê deles. O cara estava completamente indisponível para a banda, viciado e quebrado. Ele tentava ser pai, mas não tinha dinheiro nenhum.

CHUCK BEHLER: O meu namoro com a garota com quem eu ficava na época começou a ficar bem sério e ela engravidou. Não sei se aquilo assustou o Dave, se ele não queria um cara com filho na banda. Eu estava passando muito tempo com ela. Por causa das drogas, é claro, eu e a garota tínhamos problemas. Eu estava tentando parar, mas era difícil demais. Não fui para a reabilitação na época. Tentei largar o vício sozinho. A gente começou a brigar e ela foi embora para a casa da mãe, em Connecticut, depois que o neném nasceu, e aquilo me destruiu.

DAVE MUSTAINE: O Chuck estava dominado pelo crack. Ele começou a vender as peças da batera e, sempre que queríamos ensaiar, tínhamos que correr atrás do cara e achar o equipamento dele.

CHUCK BEHLER: O Dave foi lá em casa. Eu não o via havia um mês, mais ou menos, e sei que ele percebeu que eu não estava muito bem. A minha namorada tinha ido embora. Eu morava sozinho no apartamento. O Dave estava cheio das coisas, e eu achei que ele tinha ido lá pra conversar comigo, porque eu não fazia nada direito na época, mas ele só queria ficar chapado. Ele queria alguma coisa – não lembro o quê –, mas eu não consegui ajudá-lo, e ele saiu fora. Depois disso, não o vi mais. Ninguém me ligou nem nada.

DAVID ELLEFSON: O Dave me pediu pra fazer um teste com o Nick Menza. Fui a um pequeno estúdio na ponta oeste da pista de pouso do

BATERISTAS

Burbank Airport. Há um ano e meio ele estava esperando uma oportunidade de substituir o Chuck Behler. O Nick tinha sido técnico de bateria, motorista da van e meio que *roadie* na época das turnês do *So Far, So Good... So What!*

O Nick fumava maconha e bebia, mas não usava drogas pesadas. Ele era o típico cara de Valley que gostava de fumar um e dar uma pirada de vez em quando, e queria mesmo era ser vocalista. O Nick sempre quis fazer sucesso. Ele se achava guitarrista/compositor/vocalista/pintor. Mas tocava bateria com muita energia e era atlético. O pai dele era o Dan Menza, um respeitado compositor e arranjador de *jazz* que tocava saxofone e instrumentos de sopro. Ele era arranjador e tocava sax tenor na banda de Buddy Rich e Louie Bellson. Era quase como se o Nick se rebelasse contra o pai músico de *jazz* sendo roqueiro.

O Nick e eu nos encontramos e ensaiamos. Ele era meio que um trem descarrilhado nos tempos. Começava com um tempo, ia acelerando e eu tinha que freá-lo. Cheguei em casa do teste e o Dave me perguntou como tinha sido. Falei que o Nick era o cara. Ele era tudo o que tínhamos e a hora dele tinha chegado.

DAVE MUSTAINE: As vozes na minha cabeça não paravam de tagarelar. Elas me falavam: "Isso é a única coisa que você tem capaz de lhe dar alguma autoestima e olhe pra você, você podia ser bem melhor, mas não é". As vozes ficavam cada vez mais altas: "Você é um bosta. Você é um bosta mesmo. Você mereceu levar um pé na bunda do Metallica. Você *merece* levar um pé na bunda do Megadeth também". Esse monte de coisinhas, de acusações, aquilo estava me endurecendo. Eu fiquei insensível a ponto de, quando alguém falava alguma coisa comigo, eu respondia automaticamente: "Isso não me interessa".

Me interessava, sim, mas estava chegando a um ponto em que havia tanta choradeira, reclamação e problemas de dinheiro que, quando o Chuck saiu, foi um alívio. O Nick era legal, animado. Ele não usava cocaína nem heroína. Gostava de fumar maconha, só

RUST IN PEACE

isso. A mãe dele era bonita e afetuosa, e o pai tocava "Pink Panther[3]" com o Henry Mancini. O Nick era um cara estilo "alma da festa", mas tinha ambição. Sempre que via uma oportunidade, ele se aproximava de mim e do David e sussurrava pra gente que "o Chuck é um porco gordo" e que era ele quem devia estar na batera.

CHUCK BEHLER: O negócio do Nick foi competir comigo desde o início. Não era para eu ficar sabendo, mas saquei na hora. Ele não me sabotava nem nada, mas também não saía do caminho pra facilitar as coisas pra mim. Ele cumpria aquilo que tinha que fazer, afinava e arrumava as coisas toda noite, mas, na cabeça dele, desde o início, o Nick achava que ele seria o batera da banda.

A minha caixa de correio estava cheia de impostos vencidos e coisas desse tipo dos caras do financeiro, que também me escreveram informando que não pagariam mais o meu aluguel. Basicamente, foi isso que aconteceu. Ninguém falou que eu tinha sido demitido. Eu estava quebrado e não podia fazer nada a não ser voltar para Detroit. Pouco antes de eu ir embora, o Gar e outro amigo meu deram uma passada lá em casa e contaram que o Nick estava na banda. Foi assim que fiquei sabendo. Nunca liguei pra perguntar. Fui pra casa e pronto.

DAVE MUSTAINE: É engraçado o Chuck até hoje negar que a bateria dele era sabotada toda noite. O Nick ajustava os pedais da batera em todo show para que ficasse mais fácil ou mais difícil tocar. Os pedais têm duas molas em cada lado, e o Nick era responsável por regular a tensão delas para o baterista toda noite. É, o Chuck sacou direitinho.

---

3 Tema de abertura do desenho *A Pantera Cor-De-Rosa*. (N. do T.)

- CINCO -
DANDO UM JEITO NA VIDA

TONY LETTIERI: O meu amigo Ron Laffitte ligou e disse que tinha uma banda que precisava de ajuda. Os caras não produziam. Eles estavam num caminho ruim e precisavam de alguém para ficar com eles, ajudá-los a superar umas coisas e para fazer algum trabalho técnico, caso fosse preciso. Eu não conhecia o Megadeth na época, mas o Ron marcou uma reunião com o Dave, o Junior e o Nick Menza em um restaurante japonês na Ventura Boulevard. Treinei artes marciais e fui boxeador quando era mais novo, então fiz um trabalho meio que de guarda-costas, algo que eles também estavam querendo. Tudo meio que misturado.

O Dave e o Junior moravam em um apartamento de dois quartos em North Hollywood e estavam muito mal de saúde. No dia seguinte, fui pegar o Dave, e o apartamento era uma zona. Eles estavam sentados ao redor da mesinha de centro coberta com todo tipo de parafernália naquele apartamento escuro – uma situação nada produtiva. As minhas instruções eram: faça o Dave ficar saudável, faça a banda voltar pro estúdio, ponha os caras no eixo de novo e simplesmente fique com eles.

RUST IN PEACE

DAVE MUSTAINE: Nós tínhamos supervisores. O meu era um cara chamado Tony Lettieri, que acabou se tornando detetive, agente da Agência de Combate às Drogas dos EUA e agente da lei, em Nevada. Ele era meu guarda-costas. Foi ele que me ajudou a treinar e me apresentou ao *sensei* Benny "The Jet" Urquidez, um atleta de artes marciais reconhecido mundialmente e que tem nove faixas pretas.

TONY LETTIERI: O Dave era muito difícil. No início, foi um pesadelo. Ele não estava num clima muito bom. Só queria saber de usar drogas e fazer as coisas dele. Mas a gravadora tinha deixado bem claro para nós que, se eles não começassem a fazer alguma coisa, a notícia para a banda não seria nada boa. Eu ficava com ele todos os dias e o levava aos compromissos. Começamos a fazer reuniões da banda na minha casa, em Sherman Oaks.

Tinha um médico tratando o Dave com um medicamento experimental. Eu ficava com o remédio, porque ele tinha que ser aplicado de tantas em tantas horas para mantê-lo na boa. O Dave e eu passamos todos os dias e todas as noites juntos durante um bom tempo e fazíamos praticamente tudo juntos. Ele estava retomando a vontade de dar andamento à carreira, compor músicas para o *Rust in Peace* e ensaiar.

RANDALL KERTZ: Conheci o Ron Laffitte quando ele era gerente de turnê do Armored Saint e eu tinha uma loja de discos em Chicago. Depois que me mudei para Los Angeles, em fevereiro de 1989, para estudar baixo no Musicians Institute, a gente se trombou, e ele me ofereceu um trampo com o Megadeth, mas não aceitei logo de cara. Fui almoçar com o Ron e o Nick, eles expuseram a situação e eu aceitei. Fiquei responsável pelo David Ellefson, que morava em Studio City. Os dois Daves estavam em programas de reabilitação. O Nick Menza tinha acabado de assumir a batera da banda. Eles não tinham guitarrista na época. Não vi o Dave Mustaine nos primeiros dois meses.

DANDO UM JEITO NA VIDA

Eu era um moleque de vinte e dois anos, levando a vida de acordo com o que aparecia. Acho que me contrataram porque eu era novo lá, um bom garoto do Centro-Oeste que ainda não tinha sido corrompido. Eu não usava nenhum tipo de droga, o que eles provavelmente acharam que seria útil.

O Junior se manteve no programa. Ele entendeu a importância do programa e o seguiu. Na primeira vez que os encontrei, eles estavam tomando buprenorfina, as injeções, o esquema todo. Depois da metadona, a buprenorfina era a melhor coisa que existia, e a esperança era de que fossem diminuindo a buprenorfina até não precisarem usar mais nada. Com o tempo, o Ellefson ficou menos dependente da buprenorfina, mais ativo e menos dependente de mim. Ele começou a perder peso e a ficar mais saudável. O próximo passo para mim era começar a arrumar o equipamento no estúdio de ensaio, para que ele e o Nick pudessem se encontrar durante o dia, fazer música e discutir umas ideias enquanto aguardavam a volta do Mustaine.

Só fui conhecer o Mustaine uns dois meses depois de começar a trabalhar com eles. Fui à casa do Junior um dia com café e *donuts* e o Mustaine atendeu a porta. Ainda não tínhamos nos encontrado. Ele tinha saído da reabilitação, ido à casa do Junior e eles compraram uma parada. Então tiveram que voltar ao Dr. Marks. Ele me falou para fazer umas ligações e eu fiz. Esse foi o meu primeiro encontro com o Mustaine.

DAVE MUSTAINE: Eu estava morando com o Tony Lettieri, tentando dar um jeito na vida, quando fomos ao estúdio gravar uma música antiga do Alice Cooper, "No More Mr. Nice Guy", para o filme *Shocker: 1000 volts de terror*, do Wes Craven. Trabalhamos com o Desmond Child na produção. Ele era um compositor de primeira e escreveu um monte de *hits* para o Bon Jovi, o Aerosmith, a Cher e outros mais. Ele era *pop* e eu, *heavy metal*.

Não nos demos bem, e eu passava muito tempo ao lado do meu amplificador, num lugar de onde não dava para vê-lo. Eu vivia escapulindo para o terraço do estúdio, porque aquilo estava horrível pra mim. Ele queria que eu fizesse refrãos *pop* com quatro vozes e *backing vocals* e tocasse acordes melosos. Eu pensava: "Não vai rolar, não vai rolar, não vai rolar, não vai rolar, não vai rolar".

DAVID ELLEFSON: Fomos para o Record Plant com o produtor Desmond Child. Ele era um dos caras mais famosos na indústria da música. Numa tarde no terraço, ficamos escutando com atenção – Dave e eu fumando crack – o Desmond fazer o discurso dele: "Se vocês tomarem jeito, podem fazer um sucesso gigantesco". Esse papo.

DAVE MUSTAINE: O Ron Laffitte insistia que eu fizesse aquilo tudo. Eu reclamava, dizendo que nem tínhamos os quatro integrantes convencionas da banda, éramos só um trio. Ele falou que o técnico de guitarra, o Sport, podia tocar violão na música. Eu pirei quando ele falou isso, mas acabei concordando.

DAVID ELLEFSON: Para dirigir o vídeo, escolhemos a Penelope Spheeris, que a gente conhecia. Ela havia dirigido *Os anos do heavy metal: O declínio da civilização ocidental*, que tinha "In My Darkest Hour", vídeo do *So Far, So Good... So What!*, que ela também tinha dirigido. Ela usou a nossa versão de "These Boots Are Made for Walking" em um filme que dirigiu chamado *Visitantes indesejáveis*, estrelado por Jon Cryer, Lee Ving e Flea, do Chili Peppers. Tínhamos uma história com a Penelope. Mas o vídeo acabou sendo uma decepção para mim, porque todo mundo estava privilegiando o Dave. Não demorou para ficar claro que o Dave seria a estrela do vídeo e que o Nick Menza e eu ficaríamos relegados ao que era basicamente uma jaula, uma cela de cadeia, onde cantaríamos um refrão da música e só. Foi difícil. Não estávamos totalmente sóbrios ainda, mas estávamos quase lá, e passava pela minha cabeça que, se um monte de drogas não tinha fodido nossa amizade, um pouquinho de sobriedade com certeza fez isso.

DANDO UM JEITO NA VIDA

TONY LETTIERI: Sob efeito da medicação do Dr. Mark, o Dave ficava muito mal. Às vezes, mal conseguia ficar em pé. Eu o levei para fazer as filmagens. O Ron Laffitte nos encontrou lá. A Penelope percebeu que ele não estava em boa forma e a filmagem foi difícil. Ele mal se aguentava. A Penelope o colocou em um palco giratório e era para o Dave tocar um solo enquanto a plataforma rodava, mas ele não tinha equilíbrio. Me colocaram atrás, fora do alcance da câmera, porque ele ficava caindo. Fizeram a filmagem da cintura pra cima, comigo abaixado segurando no passante do cinto enquanto o palco rodava. Aquilo foi uma confusão.

DAVE MUSTAINE: O Ron Laffitte, o mesmo cara que estava me incentivando nas sessões com o Desmond Child, me falava: "Dave, você consegue fazer isso". A Penelope me colocou em um pedestal, tipo uma bandeja giratória de mesa, só que não era firme, ficava balançando. Ela começava a girar, e a Penelope falava pra mim: "Olhe pra a câmera". Eu girava e olhava, girava e olhava. Eu tinha que virar a cabeça para acompanhar a câmera, depois virar para o lado contrário e começar de novo. Eu estava todo fodido por causa dos psicofármacos. Ficava tonto. Não conseguia fazer aquilo – ficar girando e olhando por cima do ombro, depois olhar por cima do outro ombro, e isso tentando tocar guitarra ao mesmo tempo. O meu cabelo estava no rosto. Eu ficava lá em cima sozinho. Tive sorte de conseguir fazer o que fiz. Eu estava num estado deprimente.

Quando chegou a hora de filmar a única cena que mostrava a banda inteira, reclamei que não éramos uma banda de três integrantes e que faltava um guitarrista, por isso na cena da cela há um quarto cara no fundo, só uma sombra com cabelo comprido, interpretada pelo Ron Laffitte. Tenho certeza de que a Penelope deve ter ficado um pouco frustrada. Era um momento inoportuno para ela me ver daquele jeito, eu ainda estava seguindo do ponto A para o ponto B, me afastando da vida de viciado em heroína.

RUST IN PEACE

DAVID ELLEFSON: O Ron Laffitte tinha acabado de conseguir um trabalho em um empresa de agenciamento de artistas chamada Lippman and Kahane, comandada por dois irmãos, o Michael e o Terry Lippman, e por Rob Kahane. O Kahane era empresário do George Michael, que estava no auge da carreira. O Terry Lippman era produtor/empresário, e o Michael Lippman meio que me lembrava do Michael Kane. O lançamento do vídeo de "No More Mr. Nice Guy" foi no China Club, em Hollywood. O Alice Cooper apareceu lá. O último disco dele, *Trash*, fez um sucesso enorme, e o Desmond Child tinha escrito músicas com ele para o álbum. O Alice estava, na época, bem sóbrio. A gente não estava sóbrio. Principalmente o Dave. Os Lippman estavam lá com o Ron Laffitte, e eles não ficaram satisfeitos.

Chega um momento em que a pessoa não sabe se quer ficar sóbria, mas com certeza não quer continuar toda fodida como está e não quer ficar na fissura. Não sei se o Dave em algum momento realmente quis ficar sóbrio. Mas todo mundo na indústria tinha certeza de uma coisa: *O Dave precisa largar os vícios. Não dá para trabalhar com o cara. Ele tem que largar os vícios.*

DAVE MUSTAINE: Eles queriam que eu fosse à festa de lançamento idiota e fingisse que estava sendo eletrocutado. Não gostei nem um pouco dessa ideia. Cara, tem coisa mais idiota que isso? Era para eu vestir um macacão, ser preso em uma cadeira e fingir que estava sendo eletrocutado. Fiz tudo isso, mas não gostei nem um pouco.

RANDALL KERTZ: Fizemos aquela música para manter o Megadeth no mercado enquanto todo mundo se tratava nos bastidores. Fizemos uma festa de lançamento para um bando de gente da indústria no Palace. O Tony e eu colocamos capuz e roupa preta, carregamos o Mustaine de macacão alaranjado e saímos de dentro do pôster do filme rasgando-o. Nós o colocamos em uma cadeira, mas ele não parava de se levantar. Era para ele fingir que estava tentando se soltar, mas eu o empurrei para trás com muita força e o negócio quase caiu. Aquilo não estava dando muito certo. Aí chegou mais uma pessoa de capuz, ela o tirou e era o Alice Cooper. Ele abaixou o interruptor e eletrocutou o Mustaine.

DAVE MUSTAINE: Eu morava em dois lugares, num hotel velho e sórdido, na Hollywood Boulevard, e na casa da minha mãe, em Elsinore. Eu estava me tratando com o Dr. Marks, tomando as injeções de buprenorfina na barriga, os comprimidos, fazendo as viagens de carro de Elsinore a Hollywood para as consultas e lidando com toda a loucura que tinha começado a dominar minha vida por causa das drogas e do álcool. Com o Nick fixo na banda, passamos a ficar mais tempo compondo as músicas para o disco novo, mesmo com as coisas tão fora do controle.

O David e eu ficávamos rodando na van dele e eu escrevia bocadinhos de letras e coisas assim. A gente ficava no lugar em que estava na época, e geralmente não era nenhum lugar especial. Quase nunca íamos a lugar nenhum, e, quando íamos, era só pra ficar perambulando à toa. Era como se estivéssemos esperando. Esperando o sucesso. Esperando as drogas baterem. Esperando inspiração. Esperando para comprar uma parada. Esperando parar de usar drogas. Esperando aquela porcaria daquele purgatório acabar e chegar o momento em que não ficaríamos mais esperando e finalmente chegaríamos lá. Onde quer que esse "lá" fosse. Até então, a gente ia ficar perambulando a esmo na van do Junior. Escrevi a letra de "Lucretia" no banco de trás, me sentindo um bosta inútil: *Acordado, tarde da noite, atravesso a escuridão na ponta dos pés...*[4]

Uma grande parte da escrita de letras tarde da noite era calibrada pela cocaína, apesar de "Hangar 18" ter sido feita sem nada, de cara limpa, porque eu já tinha saído do centro de tratamento. Eu estava com o Josh Deutsch, um cara que, além de guitarrista

---

[4] *Sitting up, late at night I tiptoe through the darkness.* (N. do T.)

RUST IN PEACE

da Cindy Lauper, também era funcionário do Departamento de Artistas e Repertório da Capitol e tinha sido designado para ficar comigo. "Hangar 18" era uma música que eu tinha desde os tempos do Panic. Ele sugeriu falar algo sobre um alienígena, porque achou que a música fosse sobre alienígenas. Bolei a letra. Eu não ia cantar sobre um alienígena qualquer, e foi aí que acabamos ficando com as duas palavras: "vida estrangeira".

> *Foreign life forms inventory*
> *Suspended state of cryogenics*
> *Selective amnesia's the story*
> *Believed foretold but who'd suspect*
> *The military intelligence*
> *Two words combined that can't make sense*
> *Possibly I've seen too much*
> *Hangar 18, I know too much*[5]

RANDALL KERTZ: Mesmo quando estava quase fora de si, o Mustaine conseguia ter um senso de humor perverso. O Junior e eu fomos a um grupo de debate sobre *marketing* do *heavy metal*, organizado pela Concrete Marketing, do Bob Chiappardi. O Mustaine faria parte do debate. Ele não era visto em público havia um tempo e não estava com uma aparência muito boa. Além disso, estava tomando os medicamentos do Dr. Marks e eles costumavam deixá-lo sonolento e atrapalhar a memória dele. De vez em quando ele dava uma pescada com a cabeça.

Outros cinco ou seis músicos também participariam do debate. Um deles era o Don Dokken. O Mustaine entrou depois de todo mundo, meio que no último minuto, e sentou na ponta. Um burbu-

---

[5] Inventário de formas de vida estrangeira / estado criogênico interrompido / amnésia seletiva é a história / que já era prevista, mas quem suspeitaria / da inteligência militar / duas palavras que juntas não fazem sentido / já devo ter visto coisas demais / Hangar 18, sei coisas demais. (N. do T.)

rinho tomou conta do público. Além de não ser uma grande estrela, o Mustaine não andava muito presente na cena. Ele estava pálido e quase não se mexia. A impressão era que podia desabar a qualquer momento. Ficava com a cabeça abaixada, os olhos fechados e ninguém sabia o que estava acontecendo. Num determinado momento, alguém perguntou ao Don Dokken sobre os planos dele, e ele respondeu que estava pensando em fazer um disco solo. Do nada, o Mustaine levantou a cabeça depressa e perguntou: "Qual vai ser o nome dele, Don?".

DAVE MUSTAINE: Eu estava ficando na casa da minha mãe, em Elsinore, longe das tentações e dos traficantes. O Sport, nosso técnico de guitarra, ia lá de carro levar o medicamento pra mim. Eu entendi que, se ficasse lá, onde não conhecia ninguém, seria forçado a fazer tudo de que precisava até ele chegar com o medicamento. Foi praticamente nesse momento que larguei o Dr. Marks.

Também foi em Elsinore que conheci o paraquedismo. Essa história toda começou quanto falei para uma entrevistadora que eu *queria pular* de paraquedas e ela escreveu que eu *tinha pulado* de paraquedas. Aí achei que tinha que pular. Era tarde demais para desmentir. Eu estava fazendo tudo o que dava adrenalina na época e, embora fosse assustador, era exatamente a onda que eu estava procurando. Aquilo me fisgou em cheio.

Eu estava voltando de carro do Centro de Paraquedismo Perris Valley, perto do Lago Elsinore, na Califórnia, quando me aproximei da traseira de um carro velho esquisito indo para o norte na Interestadual 5. Eu vi o adesivo que estava colado no para-choque: MAY ALL YOUR NUCLEAR WEAPONS RUST IN PEACE[6]. Na mesma hora, decidi qual seria o nome do meu disco novo.

---

6 Que todas as armas nucleares enferrujem em paz. (N. do T.)

- SEIS -
DE VOLTA À REABILITAÇÃO

TONY LETTIERI: Acabamos colocando o Dave em um programa de doze passos. Eu o levei para fazer o *check-in* no Beverly Hills Medical Center. Foi aí que o John Bocanegra entrou na história. Ele era o diretor do programa de reabilitação.

DAVE MUSTAINE: Quando o John Bocanegra chegou, ele foi útil. Por alguma razão maluca, eu o respeitava. Ele tinha sido assaltante de banco e feito um monte de coisas ruins que me faziam achar que o cara era maneiro. Ele parecia um pouco com o Pancho Villa, era um mexicano baixo, com o cabelo partido ao meio e um bigodão de bandido. Quando o conheci, ele tinha encarado dezessete anos de prisão. Estava trabalhando no Beverly Hills Medical Center, mas antes disso ele tinha ficado em um lugar chamado Impact Drug and Alcohol Treatment Center, em Pasadena, especializado em trabalhar só com a galera que pegava mais pesado, os viciados, os integrantes de gangues, gente em liberdade condicional. Ele tinha sido transferido pra lá pelo tribunal, depois de matar um segurança em um assalto a banco. Ele me contou da época dele de drogado, o cara era um filho da puta diplomado, mas eu gostava dele e o achava legal. O Bocanegra ficou sóbrio na Impact e descobriu que

RUST IN PEACE

tinha talento para ajudar as pessoas a deixarem as drogas pra trás. Ele sabia de que jeito conversar com as pessoas. Sabia como conversar comigo. Mas eu não demoraria a descobrir que o cara que eu considerava um curandeiro milagroso na verdade estava mais para Maria Tifoide[7].

DAVID ELLEFSON: Eu me reunia toda semana com o John Bocanegra, o conselheiro. Eu estava tentando. Não tinha conseguido ainda. Ainda não tinha dado a volta por cima. E o Dave também estava se sentindo meio ressentido por ter que ficar sóbrio. Ele exigiu que todos ao redor dele ficassem sóbrios: se eu tenho que ficar careta, você que se foda, vai ter que ficar careta também. Chegou ao ponto de o Nick Menza ir a um ensaio com uma camisa da cerveja Corona e o Dave repreendê-lo: "Você não pode usar essa camisa, ela pode me fazer ter uma recaída. Tire". O Nick não levou aquilo na boa, pois achava que não tinha problema com abuso de substâncias e podia tomar uma cerveja se quisesse. Eles bateram cabeça por causa daquilo e o nosso empresário, Ron Laffitte, teve que tirar o Nick de lado e dizer a ele pra deixar quieto e fazer o que o Dave queria, pelo bem maior. As coisas ficaram assim com o Dave. Você não vai mudar a cabeça dele, troque a camisa.

Ele pediu ao Rob Kahane, um dos sócios da Lippman and Kahane, para me levar à sala dele e falar: "O Dave disse que ou você fica sóbrio ou está fora da banda". Fiquei puto pra caralho. Perguntei: "Por que o Dave mesmo não me falou isso?". O Kahane respondeu: "Ele me pediu pra falar com você". Fique careta ou você está fora da banda, ele me disse. Se usar, vai vazar. Por mais que aquilo tenha me enfurecido, eu sabia que tinha que me livrar das drogas. Eu estava tentando.

---

[7] A irlandesa Mary Mallon ficou conhecida como Maria Tifoide (Typhoid Mary) pelo fato de, mesmo estando saudável, continuar transmitindo a doença ao longo de sua vida. Portadora assintomática da patologia, Mary infectou 53 pessoas enquanto trabalhou como cozinheira. Ela passou 26 anos em quarentena.

DE VOLTA À REABILITAÇÃO

DAVE MUSTAINE: É a primeira vez que escuto isso.

TONY LETTIERI: A reabilitação foi difícil. Eu ia a encontros do AA e da Al-Anon com o Dave, e o John ia à minha casa para as reuniões com a banda.

DAVE MUSTAINE: Fazíamos reuniões da banda em que nos sentávamos em círculo, eu no meio e o Bocanegra comandando o show. Estavam mais para sessões de terapia do que para reuniões da banda, apesar de o Bocanegra não ser psicólogo. Ele simplesmente usava técnicas que tinha aprendido no Medical Center. Assim que as reuniões terminavam, eu pegava meu pequeno Mercedes cinza e ia a uma loja de bebida. Aquelas reuniões eram difíceis pra mim. Eles me detonavam a ponto de eu chorar por dentro, só que eu não deixava o pessoal me ver chorando pelo lado de fora. Eu comprava duas garrafas de vodca e depois ia descolar umas drogas.

TONY LETTIERI: O Dave tinha pessoas ao redor dele que sempre queriam lhe dar drogas. Eu estava lá para manter essas pessoas longe, me disseram que não era uma boa aquela gente ficar perto dele. Saímos uma noite para ver o The Cult tocar, na Long Beach Arena, e um cara no *backstage* ficava toda hora se aproximando e tentando passar um pacote para o Dave. Acabei tendo que pegar o cara, agarrá-lo pelo pescoço, segurá-lo contra a parede e falar para ele não fazer aquilo.

DAVE MUSTAINE: Toda vez que ia ao Beverly Hills Medical Center, eu fazia desintoxicação e me sentia melhor quando saía. Mas, assim que eu saía, as bostas dos problemas que tinha estavam esperando por mim.

RUST IN PEACE

DAVID ELLEFSON: Fazíamos sessões de orientação em grupo – Ron, Dave, Nick e eu – geralmente na casa do Tony Lettieri, mas às vezes no meu apartamento, na Colfax, para onde o Randy me ajudou a mudar no início do segundo semestre de 1989. Aquele apartamento tinha alguma coisa que me incomodava. Eu vivia com uma sensação esquisita e sinistra de que alguém estava pairando acima de mim, me observando dormir na cama. Era a coisa mais estranha. Um dia, o Nick Menza foi lá e estava de bobeira na piscina, trocando ideia com umas garotas que moravam no prédio. Ele contou em qual apartamento o amigo dele morava, e elas falaram que o inquilino anterior tinha sido um veterano do Vietnã que estourou a cabeça com uma escopeta no apartamento. Além disso, descobrimos que a *playmate* da Playboy, Dorothy Stratten, do filme *Star 80*, tinha sido assassinada no final do corredor.

RANDALL KERTZ: Eles queriam que o Junior se mudasse, então arrumamos um apartamento para ele na Colfax. A *vibe* nunca foi boa, mesmo antes de descobrirmos o que tinha acontecido no apartamento. Uma das primeiras conversas sérias que eu tive com o Mustaine foi quando ele me falou para arrumar outro lugar para o Junior morar. "Eu saco feitiçaria", ele falou comigo. Ele disse que sabia das vibrações e que eu tinha que tirar o Junior de lá. "É perigoso", falou ele. O Mustaine disse isso seriíssimo e enfatizou as energias ruins, e que devíamos levar aquilo muito a sério, senão haveria consequências.

DAVID ELLEFSON: Eu saí de lá na mesma hora, cancelei o contrato, tentei pegar meu dinheiro de volta, e nem me preocupei quando me disseram que não me reembolsariam. Fui morar num apartamento em um condomínio novinho, na Vineland com a Moorpark. De acordo com o meu novo programa obrigatório de reabilitação, eu tinha que me encontrar com o John Bocanegra duas vezes por semana no apartamento dele, em Venice. O John me ajudou de verdade a fazer a curva na direção da sobriedade. Ele começou a trabalhar comigo usando a literatura que estabelece o tratamento em doze passos. Lentamente, as luzes começaram a acender.

DE VOLTA À REABILITAÇÃO

DAVE MUSTAINE: Eu não queria ficar sóbrio. Estava sendo forçado a ficar sóbrio. Eu morava com o Tony Lettieri na época. Tinha a minha própria casa, mas o Tony estava tentando me fazer andar na linha. O Tony me impressionava demais. Ele era um rapaz judeu-italiano forte – talvez um pouco acima do peso, mas parrudo. O cara não era só faixa preta, também era da Mensa. Eu não conhecia muita gente que fazia parte desse grupo, na verdade, nem sabia o que era Mensa. Eu gostava dele, o admirava e respeitava.

O Tony me apresentou a um cara chamado Randy Cervantes, que tinha muita habilidade com várias armas de artes marciais. O Tony achou que seria uma boa ideia para mim conhecer o cara e convidou o Randy para ir lá em casa uma tarde. Ao observar o Randy fazer os movimentos, os *katas* e as formas, me animei a voltar a treinar. Eu tinha parado havia um tempo. O Tony sacou e falou: "Você precisa conhecer The Jet".

"The Jet?", perguntei.

"Benny 'The Jet' Urquidez", respondeu ele.

Se a pessoa é ligada em artes marciais e tem algum conhecimento da história e da hierarquia, ela conhece o *sensei* Benny, mas eu não conhecia. Ainda. O Benny luta com o Jackie Chan em filmes em que, é claro, sempre perde, mas ele é o par respeitado do Chan e está na cena há muitos anos. Comecei a treinar com ele e isso mudou completamente a minha perspectiva perante a vida. Costumo dizer que o *sensei* Benny ajudou a salvar a minha vida.

Mas eu ainda tinha um longo caminho a percorrer. Continuava dormindo no sofá do Tony e usando cigarros como veículo para tirar as drogas do meu sistema. Eu estava fumando pra diabo. Quando finalmente aluguei o meu próprio apartamento e me mudei, ele afastou o colchão da parede. Havia um monte de marcas onde eu ficava apagando os cigarros na parede e eu nem sabia disso.

Desculpa, Tony.

DAVID ELLEFSON: O John sacava minha conversa-fiada num segundo. Quando falei pra ele que ia largar a heroína e a cocaína e ficaria só bebendo e fumando maconha, ele caiu na gargalhada. "Qual foi a última vez em que você fumou maconha e bebeu *sem* acabar usando heroína e cocaína?", questionou ele.

O filho da mãe tinha razão. Eu ia à casa do Nick Menza, em North Hollywood, onde ele morava com a namorada, a Stephanie. Eles tinham uma política de manter a porta aberta, os amigos entravam e saíam o tempo todo, era tudo muito amigável, muito aberto. As pessoas não tinham nem que bater na porta, era só entrar. Eu gostava daquilo nos dois. Na minha infância, na fazenda, em Minnesota, as pessoas viviam se visitando. A gente deixava a chave no carro. Nunca trancávamos a casa. O Nick tinha esse mesmo senso de comunidade.

O Nick costumava estar lá fumando um e falava: "E aí, cara, quer dar uma bola no *bong*?". Eu dava uma bola. Pouco depois, minha boca secava e o Nick me oferecia uma cerveja. Eu tomava umas duas cervejas enquanto a gente via *Os Simpsons* ou *Um amor de família*. Não demorava muito pra minha mente começar a pensar que eu devia encontrar meu traficante novo em Santa Monica. Eu pensava: "Foda-se, tenho que ir lá pegar cocaína porque estou começando a ficar cansado". Quando chegava lá, eu decidia que era melhor pegar um pouco de heroína, porque sabia que ia precisar. Sem dúvida, como o Bocanegra tinha falado, eu acabava em maconha, bebida, cocaína e heroína. Esses eram os quatro cavaleiros do Apocalipse do meu vício em drogas.

Eu me encontrava com o John duas vezes por semana. Acho que o Dave o via três vezes por semana. Eu tinha um calendário no meu apartamento na Vineland, e vivia tendo que mudar a data da minha sobriedade. Uma vez, decidi que seria no dia primeiro de novembro. Marquei no calendário. Depois marquei o segundo dia, o terceiro, o quarto... Não bebi, não peguei nada, não fumei nada hoje. Fiquei no meu apartamento rezando na noite em que comecei, eu estava muito mal. Eu rezava: "Oh, Deus, por favor, me ajude". Com essa oração e obviamente muitas outras depois, consegui ficar um mês de cara. Eu ainda estava tomando a buprenorfina do Dr. Marks, e hoje compreendo que aquilo não constituía sobriedade de verda-

DE VOLTA À REABILITAÇÃO

de. Mas, depois de um mês, de repente a obsessão voltou. Eu estava indo à reunião pegar a minha ficha de 30 dias de sobriedade, mas mudei a rota pra casa do traficante, em Santa Monica. Não contei a ninguém. No dia seguinte, eu estava cheio de culpa e me sentindo um merda. Mudei a data da sobriedade no calendário.

TONY LETTIERI: Os ensaios aconteciam no Valley. O Dave estava começando a se reaproximar da música. Ele compunha as músicas. E não interessava o estado dele, o cara sempre tocava guitarra muito bem. Eles estavam fazendo testes com vários guitarristas.

DAVE MUSTAINE: A gente ficou procurando muito tempo. Não havia muitos caras, e a gente continuava procurando. Um não era bom por um motivo, outro não era bom por uma razão diferente. A gente estava fazendo testes, e um cara apareceu lá falando que tinha composto a minha música "Wake Up Dead". Fiquei chocado, nem conhecia o cara e ele falou que tinha composto uma das minhas músicas.

TONY LETTIERI: Conheci minha namorada no mesmo clube de *rock* no Valley onde o Dave conheceu a Pam, e isso aconteceu mais ou menos na mesma época. Elas se conheciam. As duas eram amazonas do Valley. Nós quatro não saíamos muito juntos, mas todo mundo meio que se conhecia lá no Valley.

DAVE MUSTAINE: Foi o vocalista do projeto paralelo do Nick Menza, o Von Skeletor, que me chamou para sair na noite em que conheci minha esposa. Ele fazia parte da equipe do Guns N' Roses e tinha ficado sóbrio havia pouco tempo. Ele me chamou para ir a uma boate no Valley chamada FM Station para ajudá-lo a continuar sóbrio. Ele tinha saído da reabilitação havia pouco tempo e soube que eu estava sóbrio. O cara me pediu para ajudá-lo a não usar nada naquela noite, então eu chamei um amigo meu e a gente saiu.

Foi lá que eu vi a Pam. Ela era tão atraente, que nem consegui chegar nela sozinho. Mandei meu amigo ir lá perguntar se ela queria falar comigo. A Pam disse que se eu quisesse falar com ela, que fosse lá pessoalmente.

Não queria ficar explicando que estava ali de babá de um camarada que tinha acabado de largar o vício em heroína e tal, então eu simplesmente fui lá e falei: "Oi, meu nome é Dave". Ela retrucou: "Sei quem você é". Eu continuei e disse que estava com amigos naquela noite, mas que queria levá-la para almoçar no dia seguinte. Foi uma abordagem nada convencional, mas transpareceu minha sinceridade.

No dia seguinte, tivemos o nosso grande encontro, mas não sem algum drama inesperado. Eu tinha ficado muito chegado do meu guarda-costas, o Tony, e, na época, não sabia como demonstrar às pessoas – ainda mais a alguém tão importante pra mim quanto o Tony – que eu gostava delas. Fiz o que sempre fazia, comprar coisas. Fui lá e comprei um filhote de rottweiler de três mil dólares pro Tony, mas demorou uma eternidade para entregarem, o que aconteceu no mesmo dia em que eu ia sair com a Pam. Fiquei esperando um tempão, sempre ligando pra Pam e falando que já ia chegar. Por fim, me entregaram o cachorro. Eu o peguei, saí vazado pra casa do Tony, dei o Rommel a ele e corri para me encontrar com ela.

PAM MUSTAINE: Minhas colegas de quarto e eu íamos ao FM Station só para sair do apartamento. Era conveniente e ficava logo na esquina de onde nós morávamos. Mas não era a minha cena. Eu tinha parado de beber e estava tomando água naquela noite. O Dave estava lá com o seu guarda-costas e alguns amigos vendo uma banda para produzir. Ele mandou o guarda-costas me dizer que ele queria falar comigo, e eu avisei que, se ele quisesse me conhecer, que fizesse isso pessoalmente.

Eu era focada na minha carreira e, na época, trabalhava na Arbitron – e antes disso em uma agência de talentos. Eu não gostava de *heavy metal*, esse tipo de música não fazia minha cabeça, e eu não queria nada com aquilo. Aquilo, para mim, era sinônimo de problema. Eu já estava quase indo embora quando o Dave chegou em mim e se apresentou. Ele me chamou pra almoçar, e minha colega de quarto e eu tínhamos decidido nunca recusar uma oferta de comida. E a gente acabou almoçando, mas ele se atrasou porque estava entregando um cachorro ao segurança dele. Nada daquilo fazia meu estilo.

O almoço foi legal. Acabamos jantando em outro dia, e ele me contou que tinha terminado o tratamento havia algumas semanas. Eu nunca tinha chegado perto de heroína nem sabia como era. A caminho do jantar, notei Dave chegando perto demais dos carros estacionados ao longo do Ventura Boulevard. Tempos depois, descobri que ele teve uma recaída. Mas ele tinha, na época, um conselheiro para ajudá-lo a se livrar das drogas. Dave estava fazendo de tudo pra melhorar, e aquele me parecia o comportamento de alguém que quer dar um jeito na vida e fazer a coisa certa. E eu admirei isso. Achei aquilo honrável, que um cara tentasse mudar, que se respeitasse e honrasse o suficiente pra fazer algo a respeito. Pra mim, aquilo era valioso.

DAVE MUSTAINE: Naquela noite, a gente saiu. Quando a levei pra casa, me despedi com um beijo na escada do prédio dela. Ela me falou depois que sentiu o meu beijo no corpo inteiro. Teve a sensação de que me conhecia a vida toda. Senti algo esquisito assim também. Soube que ela seria a minha alma gêmea.

PAM MUSTAINE: Quando dei o beijo de despedida, senti que o conhecia desde o início dos tempos. Nunca tinha sentido nada parecido. Foi uma experiência esquisitíssima. Acontece que nós dois nunca teríamos nos encontrado, nunca, se não tivéssemos nos cruzado acidentalmente naquela noite, na FM Station. Nossos mundos não se misturavam. Mas foi o que aconteceu. Tinha alguma coisa ali, e acabamos enxergando quem cada um de nós é e foi por isso que nos apaixonamos. As pessoas escolhem ver ou não ver – é uma questão de vulnerabilidade e do quanto você permite que alguém seja vulnerável, de modo que ela possa ver as profundezas de quem somos. E nós nos permitimos isso, e eu sabia que fomos feitos um para o outro.

DAVE MUSTAINE: Eu soube que ela era a pessoa certa, mas o problema foi que já existia uma mulher. Eu ia ter que terminar com a outra garota. Me mudei da casa do Tony e fui para um apartamento da Oakwood, um condomínio na colina perto da Warner Brothers, em Burbank, onde muitos músicos moram temporariamente. O Rick James morreu lá. A outra garota tinha a chave do meu apartamento. A Pam, não. A Pam e eu fomos jantar no Chin Chin, um restaurante chinês, e discutimos a caminho de casa. Eu estava puto porque ela confessou que tinha um transtorno alimentar. Tínhamos chegado à minha casa, e ela estava deitada no sofá quando a porta da frente abriu e a outra garota entrou. Eu não tinha tido a oportunidade de contar a ela da Pam, e com certeza não tinha contado dela para a Pam.

A outra garota deu meia-volta e foi embora correndo. Na minha precipitação e confusão, corri atrás dela. Não sei por que fiz aquilo, correr atrás da garota que eu não queria enquanto a que eu queria estava no meu apartamento. E ela tinha ido embora quando voltei. A Pam tinha dado o fora. Perdi duas garotas em dez segundos. Liguei pra Pam para tentar voltar, mas ela me dispensou.

PAM MUSTAINE: Naquela época, as pessoas saíam juntas. Eu tinha namorado na época. Ninguém sabe se vai acabar firmando com uma pessoa, então todo mundo fazia outras coisas. E, em L.A., você aprende estratégias de sobrevivência. O Dave e eu já tínhamos saído algumas vezes. Eu ficava na casa dele de vez em quando e tinha algumas coisas lá. Ele havia me dado uma chave. Eu tinha os meus próprios problemas, o meu transtorno alimentar estava no auge.

DE VOLTA À REABILITAÇÃO

Eu estava deitada no sofá passando mal. Uma garota com quem ele estava saindo bateu na porta, e ele abriu só uma fresta pra falar com ela. Dave disse que ela não podia entrar porque sua amiga não estava se sentindo bem. Ele a empurrou para o corredor do lado de fora e, quando a seguiu pra falar com ela, peguei um saco de lixo, enfiei todas as minhas roupas nele, deixei a chave na bancada e fui embora. Tirei o telefone do gancho e pus um fim naquilo.

TONY LETTIERI: Levei o Dave para o Havaí naquele Natal. A família dele não comemorava essa data e eu tinha familiares no North Shore do Havaí.

DAVE MUSTAINE: Eu precisava me afastar das coisas e pensar. Precisava saber o que aquela garota significava pra mim. Fui pro Havaí com o Tony para tentar entender meus sentimentos pela Pam. Fiquei muito mal sem ela. Percebi que tinha sentimentos verdadeiros por ela. As nossas recordações daquela noite obviamente são muito diferentes.

PAM MUSTAINE: Um latino gordo e baixinho com um bigode *handlebar* apareceu lá em casa, em North Hollywood. Ele parecia um assassino. A primeira coisa que pensei foi que era uma transação de droga e bateram na casa errada. Mas ele falou que era amigo do Dave e eu disse: "Não, não, não, não – não vou fazer isso". Ele disse: "Me escute". O Dave tinha mandado o sujeito ir lá. Ele falou que era o conselheiro que ajudava o Dave a se livrar das drogas. Aquilo me fez pensar, porque ele com certeza não parecia esse tipo de conselheiro. Eu não estava entendendo nada. Mas escutei o sujeito falar que o Dave estava tentando ficar sóbrio. Depois a mãe do Dave me ligou pra dizer que ele estava saindo com outra garota e não achava que ela era a mulher certa pra ele. A mãe de Dave era uma mulher alemã forte e dava pra perceber que amava seu filho. Ela me disse que não gostava da outra mulher com quem ele estava saindo e não achava que ela era a pessoa certa pra ele. Falei que não podia fazer nada a respeito daquilo porque ele e eu não tínhamos nada. Mas não consegui deixar de pensar: "Meu Deus, a própria mãe está dedurando o cara".

DAVID ELLEFSON: Fui pra casa no Natal, e o meu pai sempre fazia a gente ir à igreja. Eu estava participando de reuniões do AA. Tinha ido pra reabilitação três vezes e estava trabalhando com o meu conselheiro, o John Bocanegra, duas vezes por semana. Na igreja com a minha família, o pastor transmitiu uma mensagem que de alguma maneira me atingiu em cheio. Eu me dei conta de que tudo o que estavam falando no AA, na reabilitação e na igreja continha a mesma mensagem. Basicamente, todos diziam: encontre Deus e fuja dos problemas. Continue do seu jeito e permanecerá com os problemas – basicamente era essa a mensagem.

DAVE MUSTAINE: Precisávamos dar prosseguimento ao projeto do disco. Antes de viajarmos no Natal, voltamos ao estúdio para gravar mais algumas versões *demo*. Depois de "No More Mr. Nice Guy", começamos a trabalhar sério nas músicas para o próximo disco, mesmo sem guitarrista solo. Eu procurava sem parar, mas odiava todo mundo porque ninguém era bom o suficiente. Eles tinham que ter atitude, tinham que ter aparência, tinham que ser habilidosos, e a gente simplesmente não conseguia achar ninguém. Perguntei ao nosso antigo guitarrista, o Chris Poland, se ele podia ir ao estúdio e dar uma mão na gravação de umas versões *demo*. Ele só precisava tocar os solos. Não havia a menor chance de eu chamar o Poland de volta pro Megadeth.

DAVID ELLEFSON: No mesmo prédio do escritório da Lippman and Kahane, na Sunset Boulevard, a EMI Publishing tinha um estúdio para composição de músicas. Fomos lá para gravar as músicas que tínhamos na época e que se tornariam o *Rust in Peace*. Contratamos o Chris Poland pra tocar uns solos de guitarra em algumas faixas. Ele tinha saído do Megadeth havia muito tempo. O Chris também estava bem sóbrio. Nós o pagamos em dinheiro, algo em torno de quinhentos dólares por música.

RANDALL KERTZ: Havia um conversinha sobre talvez chamar o Chris Poland para voltar. Ele estava mais próximo. Não necessariamente tocando, mas ficando com os caras. Havia uma certa afinidade ali.

DAVID ELLEFSON: Ele estava sóbrio, então provavelmente não devia querer ficar muito perto da gente, porque ainda não tínhamos nos livrado dos vícios. Estávamos tentando, mas ainda não tínhamos conseguido. Obviamente, isso era um problema. Um dia, terminamos tarde uma sessão de gravação das versões *demo* e o Dave e eu descemos à sala do Ron, alguns andares abaixo, no mesmo prédio da Lippman and Kahane. Na mesa dele, havia discos do Cacophony e o *Dragon's Kiss*, álbum solo do guitarrista Marty Friedman. O Dave e eu o conhecíamos vagamente de uma banda de *thrash metal* chamada Hawaii, mas o nome dele fazia o cara parecer mais um comediante do Borscht Belt do que um guitarrista que solava muito. Zoamos o nome dele, mas o Ron falou que o cara estava pedindo para fazer um teste. O Dave e eu falamos: "Quer saber? Foda-se. Por que não? Não tivemos sorte ainda, outro teste não vai machucar".

- SETE -
MARTY

DAVID ELLEFSON: Em janeiro de 1990, começamos a planejar o disco sem o segundo guitarrista. Precisávamos entrar no estúdio e fazer o *Rust in Peace*. Durante o segundo semestre do ano anterior, tínhamos feito testes com um monte de guitarristas depois que o Nick entrou na banda. Nenhum deles deu certo. Estávamos achando que seria igual ao *So Far, So Good... So What!* – o Dave e eu com o baterista novo, Nick. Parecia que ir só nós três para o estúdio fazer o disco era o que provavelmente acabaria acontecendo. O Terry Lippman, da Lippman-Kahane, não entendia muito bem a dinâmica daquilo, mas contratou o produtor Mike Clink. É claro que conhecíamos o Mike Clink por causa do disco do Guns N' Roses, que na época tinha se transformado no disco de *rock* mais vendido em anos, só que o Dave e eu estávamos mais impressionados por ele já ter trabalhado com o UFO, no disco *Strangers in the Night*, subordinado ao Ron Nevison. Era isso que deixava o currículo do Mike legal.

Depois que o Ron Laffitte assumiu como empresário, as coisas se estabilizaram. O cara tinha pelo menos nos colocado no caminho da sobriedade. Ele retomou o contato com a Capitol Records, conseguiu um fundo com dinheiro para fazermos as versões *demo* e depois começou a agendar sessões de gravação. Ele contratou o Mike

RUST IN PEACE

Clink para produzir. As coisas estavam começando a se alinhar com o cronograma de gravação. A gente falou: "Quer saber? Que se foda. Vamos ensaiar. Vamos experimentar o Marty". Não tínhamos muita expectativa de que aquilo funcionaria.

DAVE MUSTAINE: Como eu tinha as músicas e havia feito as *demos* com o Chris Poland, não queria esperar. Eu carregava a banda nas costas mesmo toda vez que entrávamos em estúdio, então não via nenhum grande problema. Eu fazia todas as guitarras-base e chamava outros guitarristas para tocar uma base alternada que entrava no meio. Do jeito que a gente gostava de mixar, dava para escutar duas guitarras em uníssono nos dois canais externos e depois, bem no meio, um terceiro canal. Até o Marty entrar na banda, os outros guitarristas faziam a base, mas o Marty se mostrou excelente nas bases e nos solos. As bases do Megadeth são extremamente complicadas na maior parte do tempo. O Marty ficou muito bom em bases, mas ele mesmo falava que era melhor nos solos do que nelas. Tem uma arte naquela merda.

Achar um guitarrista tinha se provado uma tarefa quase impossível. A gente fazia teste com um monte de gente e eles todos tinham uma mentalidade diferente. Quando o David Ellefson e eu estávamos ouvindo o pessoal, assim que o teste terminava, levávamos o braço às costas, porque tínhamos um equipamentozinho sem fio na correia dos nossos instrumentos e desligávamos a energia dos caras. Os interruptores faziam *"click, click"*... e o teste acabava. Um cara chegou com uma guitarra Ibanez rosa fluorescente pronto para fazer uma *jam*. O cara começou a tocar e já saiu acelerando desembestado. A gente falou: "Eita, diminui a velocidade aí, cara. Toque *com* a gente. Você não vai tocar mais depressa que a gente e mudar a música para o seu tempo. Você vai tocar do jeito que a gente toca". Recomeçamos a música e ele fez aquilo de novo. O David e eu levamos as mãos às costas. *Click, click.*

Perto do final dos testes, um guitarrista bem jovem de San Diego, quando estava guardando o equipamento e na frente de todo

MARTY

mundo, discutiu comigo afirmando que ele tinha composto "Wake Up Dead". O cara devia ter uns dez anos quando a música saiu. Acho que aquilo foi o mais próximo que já cheguei de um risco profissional no trabalho. Fiquei procurando alguma coisa, qualquer coisa para soltar o meu *click*!

O último cara a fazer o teste tinha vindo de carro da Bay Area. Ele era bonito, musculoso, louro, tinha uma guitarra legal e um Corvette. Fiquei insistindo para o cara ir fazer o teste, mas ele ficava enrolando. Quando finalmente apareceu, estava com aquelas botas de couro de bico quadrado e era meio *cowboy*. Ele arrumou o equipamento, deixou tudo pronto e olhou para mim: "Beleza, me mostra as músicas". Eu pensei: "Puta que pariu, você está de sacanagem comigo? Vem fazer um teste e não sabe nenhuma música?". *Click, click*.

BOB NALBANDIAN: Eu conhecia o Marty Friedman desde 1982, quando ele estava na banda Vixen, antes de tocar no Hawaii. Quando ele e o Hawaii saíram do Havaí para ir a L.A. fazer alguns shows, todos estavam ficando em um quarto num hotel vagabundo na Sunset Boulevard, e os shows que o promotor garantiu a eles não rolaram. Consegui uma data pra eles no Radio City, em Anaheim, um clube famoso onde o Metallica e o Slayer fizeram os primeiros shows. Eu escrevia para fanzine, era jornalista, mas comecei a trabalhar com ele, a ajudá-lo, a atuar como empresário do cara. Ele se mudou para São Francisco, onde começou a fazer os esquemas solo dele com o Mike Varney. O Varney apresentou o Marty ao Jason Becker e eles formaram o Cacophony. Essa banda lançou dois discos, mas depois o Jason saiu pra tocar com o David Lee Roth, e o baterista Deen Castronovo foi pro Bad English. Depois que o Cacophony acabou, o Marty ficou meio frustrado. Ele me falou que queria muito entrar numa banda grande. Queria ser *rock star*. Agendei um teste pra ele com o Ozzy Osbourne, e a Sharon Osbourne mandou a passagem de avião pro Marty ir a Los Angeles. Isso foi antes de colocarem o Zakk Wylde na banda. Ele não foi selecionado.

RUST IN PEACE

Eu sabia que o Ron Laffitte e o Megadeth estavam procurando guitarrista. Falei com o Ron que eu tinha um guitarrista animal. Mandei para ele os CDs do Cacophony e o disco solo do Marty, o *Dragon's Kiss*. O Ron me ligou e disse que a música era demais, que o cara sabia mesmo tocar e que se encaixaria muito bem – mas, cara, a imagem dele. É meio *glam*, ele comentou. Aquela era uma foto encomendada por uma gravadora que queria fazer a banda parecer *"heavy metal"*, mas eu tinha uma sessão de fotos mais recentes com o Marty do jeito que ele era naturalmente, com calça rasgada, jaqueta de couro preta e camisa do Ramones. Ele me ligou de volta e falou: "É, isso vai dar certo".

RANDALL KERTZ: O dia do teste do Marty foi o meu último dia com a banda. Ouvi o pessoal falando do Marty Friedman, e ninguém perguntou a minha opinião, mas eu estava pensando: "Marty Friedman... nossa!". Eu o conhecia da banda Hawaii. O cara tocava muito! Aquele negócio ia ser muito bom. Atendi o telefone no estúdio quando ele ligou naquela manhã. Eu era um moleque de 22 anos fã de *heavy metal* e, pra mim, eram todos *rock stars*. Só que não era bem assim. Ele ligou do telefone público pro estúdio e me falou que não sabia achar o lugar e que ainda estava esperando a carona. Expliquei como ele ia fazer pra chegar. O cara apareceu lá mais ou menos uma hora depois, de tênis surrado e uma camisa sem manga do Ramones toda detonada. Ele estava carregando a guitarra – uma Carvin vermelha – que nem *case* tinha. Foi quando percebi a realidade do estrelato dele no *rock*.

DAVE MUSTAINE: Filmávamos todos os testes. Eu tinha uma teoria sobre entrevistar o pessoal. Esse trampo é capaz de destruir as pessoas, e a gente não sabe se um sujeito é o certo até vê-lo o mais vulnerável possível. A gente montava uma câmera e filmava tudo. Fazíamos perguntas aleatórias e, quando a entrevista acabava e os caras iam embora, a gente assistia à fita, dando *play* e passando pra frente, assim observávamos as expressões faciais e a lingua-

MARTY

gem corporal dos candidatos. Todo mundo tem suas idiossincrasias. Se você não vê a fita avançando pra frente na velocidade mais rápida, não vê as idiossincrasias. Fiz isso até com o meu baixista, o David Ellefson, e vimos que ele inconscientemente lambia os cantos da boca como um lagarto. Sob as lentes da câmera de vídeo, dá para pegar esses tiquezinhos. Foi algo que aprendi na escola de teatro – certifique-se de que não está se "revelando", não faça nada que transpareça você mesmo no papel que está representando. O Harrison Ford, por exemplo, sempre sorri com um lado do rosto suspenso. Toda vez que ele faz isso, sabemos que é o sorriso do Harrison Ford. Eu queria assistir aos vídeos e ver se o tal do Marty tinha algum hábito esquisito. Tinha visto a foto na capa do CD do cara e não fiquei fã do cabelo laranja e preto dele. Dei uma desanimada, pra dizer o mínimo, mas tocamos o CD mesmo assim e a música nos convenceu. No teste, nem chegamos a fazer a entrevista filmada com o Marty por causa do quanto ele tocava. Nós meio que deixamos de lado todas aquelas pegadinhas que fazíamos para dispensar os outros candidatos.

MARTY FRIEDMAN: Eu estava a um passo de virar sem-teto na época. Dormia em um apartamento destruído na Franklin com a Highland, em Hollywood, e vivia de arroz e pirulito. Eles vendiam sacões de pirulito a US$ 0,69, e eu só comia aquilo. Eu tinha um teste pra Madonna na mesma semana em que o do Megadeth, mas o do Megadeth era mais no início da semana, então nem me dei ao trabalho de ir ao da Madonna. E, sem dúvida, eu gostava mais do Megadeth do que da Madonna, então fiquei feliz por as coisas terem funcionado daquele jeito, porque àquela altura estava disposto a ir a qualquer lugar onde eu pudesse trabalhar e comer.

DAVE MUSTAINE: Estávamos ensaiando no Power Plant no alto da Sherman Way, em North Hollywood, onde havíamos terminado de compor o disco e estávamos deixando tudo coeso para a gravação quando o Marty chegou. Ele levou o próprio técnico de guitarra, o

RUST IN PEACE

Tony DeLeonardo, o que nos impressionou. Ele tinha um técnico de guitarra de verdade, e o cara arrumou todo o equipamento do cara.

MARTY FRIEDMAN: Fui esperto e contratei um técnico de guitarra para montar o meu equipamento. Não sou um cara muito ligado em aparelhagem, então fui lá com um técnico de guitarra pra montar o meu equipamento direito e ter certeza de que ia tudo funcionar sem problema.

DAVE MUSTAINE: O Marty chegou com uma guitarra Carvin vermelha. Todo mundo sabe que os instrumentos Carvin são coisa barata. Ele tinha um *rack* com um equipamento, acho que era um processador da ADA ou algo assim. Não tinha caixa, não tinha amplificador. Eram só aquele *rack* e uma guitarra. Pensei: "Beleza, Marty, cadê os seus amplificadores?". Continuei esperando alguém aparecer com uma caixa de som. Nada. Falei pro Tony: "Escuta aqui, sei que você não trabalha pra mim, mas preciso que faça uma coisa, *ok*?".

Eu o mandei a uma parede onde ficavam uns amplificadores Marshall que eram a coisa mais linda. Falei pra ele empilhar dois conjuntos pro Marty. Ele usaria um dos conjuntos pra fazer a guitarra-base, mas, quando chegasse a hora do solo, bastava pisar em um botão e o segundo conjunto de amplificadores entrava em ação. Desse jeito, eu ia saber como estava o solo.

Começamos a tocar juntos. Com todas as outras pessoas que fizeram o teste, nós tocávamos e às vezes elas conseguiam fazer as bases mais ou menos certas – e eu achava que dava pra acertar o andamento das bases –, mas o solo era sempre o momento decisivo. Ele começou tocando as bases muito bem, não exatas, mas muito bem. Aí chegou a hora dos solos. Todos os outros caras até aquele momento tinham pisado no botão que transferia o som de um conjunto de amplificadores para o outro, e esse era o momento da verdade. Eles sabiam os solos? Nenhum deles sabia.

MARTY

O Marty foi lá. Fiquei olhando o cara de calça jeans *stretch* apertada com os joelhos rasgados. Ele estava com tênis de cano alto desamarrado, de jaqueta de couro preta e uma camisa dos Ramones. Quando ele pisou no botão para fazer o solo, o mundo parou. Eu soube que tinha encontrado meu novo guitarrista.

DAVID ELLEFSON: Nós plugamos nossos equipamentos, e o Marty sabia "Wake Up Dead", "Peace Sells", umas duas ou três músicas. Lembro que a gente passou "Wake Up Dead" e foi tipo: "Nossa, isso ficou muito bom". Não ficou perfeita, mas estava muito boa. Ele tinha um visual maneiro. Passou a impressão de que sabia o que estávamos fazendo. Conhecia as partes razoavelmente bem e parecia faminto pela vaga. No final da música seguinte, era óbvio que tínhamos finalmente achado o cara.

MARTY FRIEDMAN: Foi ótimo. Era como se fôssemos amigos desde o ensino médio, como se tivéssemos frequentado o mesmo colégio. Foi tudo muito natural. Possuíamos gosto, ambição e sensibilidade musicais bem similares, e, pra dizer a verdade, não tinha muita coisa que nos deixava incomodados. Fluiu com muita naturalidade. Fui lá, toquei, o clima foi bem amigável e achei que os caras tocavam muito bem.

DAVE MUSTAINE: Quando terminamos, levei a mão às costas e apertei o botão com conexão sem fio. O Ellefson apertou o dele. Saí do Power Plant, fui ao telefone público e liguei pro meu empresário, o Ron Laffitte. Falei: "Achamos o cara, só que o nome dele é Friedman, e Friedman não soa muito *metal*, então vamos ter que pedir a ele pra trocar o sobrenome". O Ron me falou que aquilo não ia acontecer, porque o cara já era um guitarrista conhecido com vários álbuns no currículo. Falei: "Beleza, é Friedman, então". Ele era tão bom, que aceitei aquilo. Eu não ia nem discutir. Voltei lá pra dentro e revelei:

RUST IN PEACE

"Você conseguiu o trampo, Marty. Vamos começar a trabalhar numas coisas". Alugamos um apartamento e uma Mercedes-Benz pra ele e falamos: "Vai dar um jeito nesse cabelo".

MARTY FRIEDMAN: O Dave tirou a guitarra e disse: "Não vá a lugar nenhum". Olhei pro Junior e perguntei: "O que isso quer dizer?". E o Junior falou: "Acho que significa que você está na banda". Eu sabia que eles tinham feito testes com um monte de gente. Escutei histórias horríveis sobre caras que apareciam lá, que ou eram muito convencidos, ou tinham o visual errado, ou não falavam inglês e por aí vai. Acho que eles ouviram poucos caras. Eu simplesmente cheguei, me preparei e foi tudo tranquilo. Fiquei feliz. Contratei meu amigo como técnico de guitarra naquele dia, e ele acabou entrando para a equipe do Megadeth. Fiquei feliz em ajudá-lo, porque o cara era um técnico de guitarra classe A mesmo.

DAVID ELLEFSON: Depois do teste, o Dave basicamente chamou o Marty de lado e o contratou ali mesmo. Ele falou: "Quer saber de uma coisa? Vamos contratar você. Alguns dias depois, o Mike Clink deu um pulo no estúdio pra se encontrar com a gente e escutar o ensaio da banda. As sessões de gravação do disco estavam marcadas pra março.

MARTY FRIEDMAN: Eu estava satisfeito não só por poder comer e sair do buraco em que morava, mas por estar em uma banda que fazia música de que eu gostava. Ganhar dinheiro com música é como ganhar na loteria, mas estar em uma banda da qual se gostava era como achar uma mina de ouro. Eu não sabia nada sobre o problema deles com drogas. Na verdade, não tinha nem ideia de que isso existia na vida real. Eu nunca frequentei o mundo desse tipo de gente. Quando fiz o teste, a banda mandou muito bem. Eles pareciam saudáveis, eram caras bonitos, todo mundo estava bronzeado, musculoso e

MARTY

em boa forma. Éramos uma máquina azeitada e pronta para detonar. Achei aquilo excelente, os caras eram demais. Mas aí comecei a participar das reuniões da banda a que eles levavam os conselheiros dos programas de drogas e dos Alcoólicos Anônimos, e aquele era um mundo totalmente novo pra mim. Eu só conseguia pensar que devia ser aquilo que os *rock stars* faziam.

DAVE MUSTAINE: Durante uma das conversas que o Marty e eu tivemos na época dele na banda, ele me contou que, quando era mais novo e morava em Maryland, costumava usar quaalude o tempo todo e ia embora pra casa caminhando na neve sem camisa. Eu ri. Ele falou: "Ah, cara, espera aí". E contou que, antes de tomar quaalude todo dia, o cabelo dele era liso, mas depois que parou de usar, o cabelo ficou completamente enrolado.

DAVID ELLEFSON: O Marty estava na banda havia umas duas semanas só, e o Dave tinha ido a um lugar chamado Physicians Smoke Stop, em Beverly Hills, para deixar de fumar. Como tudo com o Dave, quando ele para de fumar, todo mundo tem que parar de fumar. Como bom viciado, eu fumava dois maços por dia. Quando finalmente proibiram fumar em aviões, consegui enxergar um final para aquilo. Pensei: "Meu Deus, vou ter que parar de fumar".

O Dave, o Marty e o Nick me levaram pra clínica no pequeno Mercedes E190 do Dave. Eles me avisaram que os médicos da clínica me dariam medicamentos que me arregaçariam e que eu precisaria de alguém pra me levar pra casa. Tomei uma injeção no pescoço atrás da orelha e outra no braço. Fiquei arregaçado mesmo. Basicamente, os medicamentos que eles nos davam eram como o Dissulfiram, que usam para alcoólatras. Se a pessoa fumasse, ela passava mal.

Eles me levaram pra casa, e acordei no dia seguinte no meu apartamento em Studio City, com tudo arrumado e limpo. Eu tinha lavado todas as minhas roupas, as roupas de cama e tudo mais, pra chegar em casa com um apartamento sem cheiro de fumaça. Naquela noite, fui ao Rainbow com a minha ex-namorada – hoje minha esposa, a Julie. A gente tinha ficado afastado mais ou menos um ano por causa do meu problema com drogas e começávamos a nos reconectar como amigos, não estávamos namorando nem nada. Ela era amiga do Richie Ramone, o baterista do Ramones na época, e da esposa dele, que moravam não muito longe de mim, em Studio City.

No Rainbow, todo mundo ainda estava fumando e pedi um trago a alguém. Meu Deus, nunca passei tão mal. Assim que a fumaça chegou aos pulmões, senti vontade de vomitar. Foi a última vez em que fumei. Além disso, depois que saí da Physicians Smoke Stop Clinic, parei de tomar a tal da buprenorfina. Eu tinha diminuído as doses aos poucos, mas aquele esquema na Physicians Smoke Stop me ajudou a dar a volta por cima, a parar de fumar e a finalmente conseguir me desintoxicar da heroína. Estávamos na última semana de fevereiro, e é por isso que estabeleci o dia 1º de março de 1990 como a data da minha sobriedade. É a data da minha sobriedade desde então.

- OITO -
RUMBO

MIKE CLINK: Meu empresário na Lippman-Kahane me ligou, perguntando se eu estaria interessado em fazer um disco do Megadeth, porque o empresário deles, o Ron Laffitte, também era afiliado à empresa. Comecei nos ensaios. Eu não tinha muito tempo, pois estava ocupado demais e parte do nosso acordo quando decidi trabalhar no disco do Megadeth foi que, se o Guns N' Roses me chamasse, eu poderia sair do projeto e ir começar a trabalhar no disco do Guns N' Roses. A única maneira de eu aceitar fazer o disco do Megadeth era podendo abandonar o projeto se me chamassem para trabalhar no outro álbum, porque obviamente aquele era um disco muito importante. Já tínhamos feito dois álbuns naquela época, o *Appetite* e o *Lies*.

DAVID ELLEFSON: O Mike Clink foi contratado para fazer o disco. O Terry Lippman era empresário dele. Não sabíamos que o único motivo para o Mike estar disponível era o hiato do Axl Rose nas gravações do Guns N' Roses. Entramos no estúdio com o Mike Clink. Não houve pré-produção nenhuma, a não ser a ida do Mike Clink a um ou dois ensaios no estúdio Power Plant, em North Hollywood. As músicas estavam compostas.

RUST IN PEACE

Apesar de todos os nossos vícios e dias sombrios em 1989, de alguma maneira conseguimos compor. O Marty ainda estava meio que aprendendo as músicas, mas o Dave, o Nick e eu já sabíamos todas.

O Mike não teve muito o que fazer na produção do disco no aspecto musical. O papel dele, na verdade, foi capturar a banda tocando as músicas do jeito que as executávamos, que era ao vivo no estúdio. Fomos para o Rumbo Recorders, em Canoga Park, um estúdio do falecido Daryl Dragon, do Captain & Tennille. O Mike tinha feito o *Appetite for Destruction*, do Guns N' Roses, no Rumbo. As coisas por lá pareciam meio devagar, não havia muita atividade. A gente ficou no estúdio A, onde gravamos a bateria.

DAVE MUSTAINE: Agendaram o estúdio Rumbo pra nós. Pensei: "Putz, que legal, a gente vai arregaçar! Mas cheguei lá e falei comigo: 'Então o Rumbo é isto?'". Eles me disseram que era o estúdio do Captain & Tennille e na mesma hora achei esquisito. Perdi todo o respeito pelo lugar. Não parecia o estúdio certo para se gravar *heavy metal*. Estávamos lá perto do Topanga Canyon fazendo "Hangar 18" no estúdio da "Muskrat Love", e o Clink apareceu num Porsche com aerofólio rabo de baleia e um bichinho de estimação. O cara tinha me falado que, se o Axl ligasse durante as gravações, ele ia embora, e achei que o sujeito tivesse enlouquecido. Além disso, odeio Porsche.

DAVID ELLEFSON: O Dave estava lá com a gente no início. Preparamos os equipamentos, montamos a bateria na sala grande, de frente para a mesa de controle, e metemos o amplificador de baixo na mesma sala, de modo que eu pudesse ficar em pé e tocar as músicas com o Nick, enquanto ele gravava a bateria. O Dave estava se esforçando muito, mas ainda chapava demais naquele momento, e o clima não estava muito amigável. A transição do uso de drogas para a sobriedade pode ser bem feio. Eu tinha chegado à sobriedade havia pouco tempo, literalmente algumas semanas, e o Marty praticamente ficava sentado no sofá da sala de controle aprendendo as músicas, trabalhando nos solos dele.

DAVE MUSTAINE: O Marty era um guitarrista excelente, e isso gerou uma crise de confiança em mim. Vozes na minha cabeça começaram a me atormentar. Entrar no estúdio fez todas as dúvidas esmagadoras recaírem em mim. Eu ficava no *lounge* ou na cozinha sem confiança na minha habilidade como guitarrista. Até então, eu me achava um dos melhores guitarristas do mundo, mas apareceu aquele cara novo – sem dúvida, ele solava muito, mas não era um músico abrangente: não tocava base, solo, violão, guitarra, compunha, escrevia letra, produzia e fazia engenharia de som. Ele não era tudo isso. Era só um guitarrista solo. Mas, na minha mente doente, ele era tão melhor do que eu, que simplesmente esmigalhei. Eu pensava: "Toco há muitos anos e devia ser bem melhor". Perdi a confiança. Eu tinha tantos desapontamentos e decepções na vida – o meu pai nunca aparecia e todas essas coisas escrotas de criança –, que, quando a realidade tornou-se transparente, eu simplesmente pensava: "Quer saber? Isso é a única coisa que me deu alguma autoestima e agora olhe pra mim. Eu podia ser bem melhor, mas não sou". As vozes retornavam cada vez mais altas. "Você é um bosta. Você é um bosta mesmo. Você mereceu levar um pé na bunda do Metallica. Você merece levar um pé na bunda do Megadeth também." Não é de se surpreender que eu tivesse uma recaída.

DAVID ELLEFSON: Tínhamos sete músicas, e a primeira coisa que fizemos foram as guias. Ou seja, as faixas gravadas rapidamente, uma espécie de rascunho ou planta de uma música. Toda vez que mudávamos de tempo – e as músicas do *Rust in Peace* apresentavam muitas e geralmente radicais mudanças de tempos – gravávamos, parávamos, marcávamos o tempo de novo e mandávamos ver. Era tudo muito trabalhoso. O Dave, o Nick e eu gravamos as guias pra sabermos as mudanças de tempo. Tínhamos acabado de terminar esse processo quando mandaram o Dave pra desintoxicação no Beverly Hills Medical Center. Eu estava sóbrio havia três semanas.

DAVE MUSTAINE: Dessa vez eu queria me tratar. Eu ia sair e me encontrar com aqueles caras assim que conseguisse. Tenho certeza de que foi uma surpresa pra muitas pessoas a minha vontade em fazer aquilo, mas aquela era a primeira vez que tinha me rendido de verdade.

DAVID ELLEFSON: O Dave, o Nick, o Ron e mais um pessoal foi ver o Cheap Trick no Whiskey, na Sunset. O Dave teve uma recaída naquela noite com a bebida. Às gargalhadas, o Ron e o Nick me contaram no dia seguinte. O Dave pode ficar muito engraçado mesmo, mas foi assustador ao mesmo tempo; quando ele cai, não dá só uma viajada, ele despenca mesmo. Disseram que ele virou um daqueles bêbados loucos que fica dançando nas mesas, e uma parte de mim, sóbrio havia três semanas, se alegrou. O Dave teve uma recaída, agora eu posso farrear de novo também. Aquilo fez com que eu me questionasse: "Pra quem exatamente você está sóbrio? Está sóbrio pra ele, ou está sóbrio pra si mesmo?". Porque eu fui ameaçado – "se você não ficar sóbrio, está fora da banda" –, o que inicialmente me levou à sobriedade por indignação. Ironicamente, muitos anos depois, tomei conhecimento de que a indignação é a principal razão pela qual alcoólatras em recuperação saem e enchem a cara. Um ano antes, tivemos exatamente a mesma experiência, mas dessa vez eu sabia que tinha que atravessar aquela merda. Eu tinha que ficar sóbrio. Tinha que fazer aquilo por mim. Talvez o Dave nunca fique sóbrio. O Dave sendo ou não meu amigo, com ou sem banda, tenho que abandonar os vícios.

DAVE MUSTAINE: Aí está de novo a ameaça de se livrar dos vícios ou sair da banda. Quero que uma coisa fique clara: não me lembro de alguma vez ter falado nada desse tipo, e eu nunca quis que o David

Ellefson fosse "isso ou aquilo"! O disco estava quase todo composto. Entretanto, as histórias de todos eles mudariam.

MIKE CLINK: Comecei a trabalhar no disco gravando a bateria com o Nick Menza. Eu sentava lá com um bloco de notas amarelo e fazia o Nick tocar com um metrônomo. Fazia anotações de todos os *takes* dele. Às vezes, o Junior fazia guias de baixo. Eu conhecia as partes, mas a música era complicada por causa da grande quantidade de mudanças de tempo e compasso. Desenvolvi um sistema pra gravar as sessões individuais das músicas e eu emendaria a fita depois.

DAVID ELLEFSON: Na época, o Dave estava detonado. Às vezes, ele era birrento, às vezes, controverso. Ele cortou uma discussão nossa quando falei que algo não era justo. "Estou pouco me fodendo se não é justo", disse ele. Depois que foi para a reabilitação e desapareceu, o Mike Clink, que era o produtor, o homem encarregado das sessões de gravação, se transformou basicamente no diretor musical. Eu sabia o que fazer. Sabia qual era o rumo das coisas, a direção em que precisávamos seguir. Começamos a gravar, o Nick e eu na sala grande, com as guias no fone. É claro que sabíamos as músicas. Nem precisávamos das guias tocando nos alto-falantes. O Nick e eu passávamos três vezes cada música, do início ao fim, o Mike as gravava e escolhíamos a melhor das três.

O processo podia ser complexo. Pegue, por exemplo, "Holy Wars". Essa música, em particular, tem pelo menos três tempos e, às vezes, mesmo que o tempo pareça o mesmo, quando chegávamos a um refrão, a gente acelerava ou desacelerava um pouco. Havia muitas nuances. O Mike estava gravando em fita de duas polegadas. Eu me perguntava como ele conseguia deixar tudo no lugar. Ele fazia anotações incríveis e eu descobri que o Mike Clink era um engenheiro excelente. Ele, na verdade, não tinha que fazer muitas anotações sobre a música. Pra ser honesto, não sei se ele sequer entendeu a música. O Mike tinha trabalhado com o UFO. Tinha gravado o Guns N' Roses. Mas o que estávamos fazendo com o *Rust in Peace* era inovador e novíssimo. Éramos a geração seguinte. Mas ele soube como nos gravar e levar o nosso som para a fita.

O Nick e eu gravávamos cada parte três vezes, e o Clink as catalogava. Fazíamos a parte seguinte três vezes, e ele arquivava. Agilizávamos umas duas músicas por dia e levamos mais ou menos uma semana pra finalizar essa parte do processo. Quando terminamos, o Clink falou pra darmos um tempo e o deixarmos sozinho uma semana. Ele queria editar as faixas e reuni-las. O Mike pendurava tiras de fita por todo o lado. As paredes do estúdio estavam lotadas de pedaços de fita de duas polegadas pendurados. Parecia um espaguete de laços de fitas Ampex espalhadas pelo lugar, mas todas esmeradamente assinaladas.

MIKE CLINK: O negócio das fitas de duas polegadas é que não dá pra ver o que está nela. Pra cortar a fita, você tem que saber o que está fazendo, porque é fácil arrancar oito compassos de música, colar a fita de novo e o resultado não fazer mais sentido nenhum. Apesar de todas as anotações que você faz, a não ser que seja extremamente cuidadoso, pode estragar o material. Eu etiquetei tudo. Prendi todos os rolos de fita na parede do fundo do estúdio com prego e passei uma semana editando o disco. Foi um processo bem metódico. Depois de editar todas as partes, chamei o Junior pra gravar o baixo. E tudo funcionou. Não teve uma edição minha que não tenha funcionado.

DAVID ELLEFSON: Depois de uma semana, o Mike estava com o disco editado. Foi uma semana pra capturar guias, uma semana pra gravar a bateria, uma semana pra editar tudo, então tinha chegado a hora de eu me reunir com o Mike Clink e tocar baixo. A gente geralmente gravava o baixo de duas músicas por dia. Elas eram muito complexas. Como o tom do meu baixo era muito agudo e evidente, portanto muito nítido e muito claro, não havia espaço pra erro. Ele precisava ser executado com precisão e, é claro, havia muitas mudanças de tempo. Levamos mais ou menos uma semana. A última música que gravamos foi "Hangar 18" e, muito em virtude de ela ser em ré e o baixo só chegar a mi, quis tentar achar um instrumento de cinco cordas pra gravá-la. O Mike e eu procuramos em todos os lugares alguma coisa que fosse adequada, mas não conseguimos achar nada. Acabei usando um baixo de quatro cordas e afinando a corda mi em ré, gravei a primeira metade da música, depois voltei pra afinação-padrão quando cheguei à metade final, aí mandei ver e gravei o resto.

DAVE MUSTAINE: Achar um baixo de cinco cordas na época era difícil, mas achamos uns baixos Modulus com sonoridades excelentes e o som do David nesse álbum é extraordinário.

DAVID ELLEFSON: De vez em quando, o Mike parava e olhava pra mim. "O Dave vem hoje?", perguntava ele. "Não, provavelmente, não", eu respondia. Eu sabia que o Dave estava na reabilitação, o Mike, não. A nossa ideia era não deixar que o Mike soubesse disso. Não queríamos que ele perdesse o entusiasmo pela produção.

MIKE CLINK: Eu estava gravando só bateria e baixo. Mas conseguia escutar na cabeça exatamente como as músicas ficariam. Sabia absolutamente todas as partes de que precisava, mesmo sem ter gravado tudo junto. Eu tinha minhas anotações. Depois que todas as faixas ficaram prontas, eu devia ter mais de cinquenta rolos de fitas de duas polegadas, levei todos pro estúdio A do Rumbo e os organizei lá. Era como uma oficina com peças de carro espalhadas por todo o lado. Tinha fita esparramada na sala toda.

O Dave não estava presente em boa parte da gravação, mas eu não percebia. Eu tinha visão em túnel quando fiz aquele disco, como acontece com a maioria dos discos que faço. Eu pegava pesado todo dia. Chegava ao estúdio e começava a trabalhar. Passei duas semanas trabalhando no baixo e estava chegando a hora de chamar o Dave pra gravar as partes de guitarra quando percebi que não o via havia um tempo. Quando gravamos as faixas, ele nunca ia à sala, ficava sempre no sofá do *lounge*. Não estava por perto quando gravamos as linhas de bateria. Não me lembro de ter visto o Dave nenhuma vez durante as duas semanas em que gravei o baixo com o Junior. Estava chegando a hora de gravar as guitarras dele. "Cadê o Dave?", perguntei ao Junior.

"Já é hora de te contar", o Junior respondeu. "Ele está na reabilitação." As pessoas podem achar que essa informação é importante pro produtor do disco. Mas não. Eles não me contaram, porque não queriam que eu ficasse puto ou desconcentrado. Então simplesmente não falaram nada.

Todas as vezes que eu olhava, o Dave estava dormindo no sofá. Não dei muita importância para aquilo. Tinha trabalhado com tantas bandas com esse tipo de problema que, a não ser que a situação afetasse o meu trabalho diretamente, eu não prestava atenção naquilo. Ele não fazia nada na minha frente, mas nem os caras do Guns N' Roses usavam drogas na minha frente. Nunca. Falei pra eles no primeiro dia que aquilo não era aceitável pra mim.

MARTY FRIEDMAN: O Dave não ficou lá na maior parte do tempo. Eu achava aquilo meio esquisito, pois imaginava que ele devia ser o Sr. Megadeth, mas nem no estúdio o cara ia. Quando aparecia, me perguntava se eu podia emprestar cem dólares pra ele. Eu tinha acabado de entrar na banda depois de quase virar sem-teto, e ele chegava lá de Mercedes, me pedindo cem pratas. Não sabia o que pensar de nada daquilo porque eu era bem inocente. Eu gostava muito dos caras, mas a questão das drogas era a parte mais difícil de superar pra mim. Não queria voltar a ser sem-teto. Eu gostava mesmo da banda, mas achava uma burrice absurda eles terem uma banda legal daquele jeito e arriscarem foder tudo pra ficarem chapados. Creio que esse é o poder das drogas sobre um viciado, mas eu achava aquilo ridículo e constrangedor. Não quis contar para ninguém o esquema do AA e tudo o mais.

DAVID ELLEFSON: Gravamos as guias. O Dave declinou feio, voltou a usar heroína e tudo o mais. Ele se internou no Beverly Hills Medical Center e desapareceu. O Nick e eu íamos todo dia ao Rumbo Recorders, seis dias por semana, pra gravar as linhas de bateria. Basicamente, o Dave ficou fora um mês. Ele não esteve presente durante quase metade do *Rust in Peace*.

DAVE MUSTAINE: O Marty tocava muito, e aquilo me intimidou tanto, que saí e comprei heroína. Eu estava fazendo o disco da minha carreira. Organizei tudo e, praticamente no momento em que nos posicionamos na linha de partida, abandonei a corrida. Felizmente, compus todas as músicas e fiz todas aquelas *demos*. Lá estava eu de novo, fodido de heroína, a caminho do hospital. Como isso aconteceu de novo?

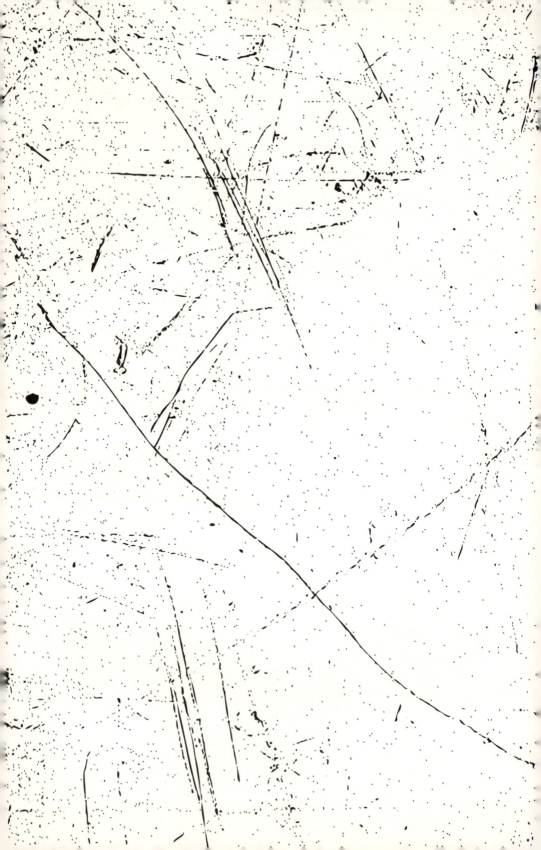

- NOVE -
A GRAVAÇÃO DAS GUITARRAS

DAVID ELLEFSON: O Mike Clink não parava de perguntar: "Você tem certeza de que não tem mais músicas?". Ele sempre achou que faltava uma música para termos um disco completo. Tínhamos feito as guias e gravado a bateria. O Mike tinha terminado a edição. O baixo estava pronto, e era hora das guitarras, mas eu ainda tinha um *riff* de baixo que se tornaria "Dawn Patrol". Gravei e o Nick pôs bateria nela. O Nick tinha outra música chamada "My Creation", que ele gravou. O Marty arriscou um ou dois *takes* de guitarra-base. Ele sabia que não estava pronto pra tocar as bases, porque eram muito complexas e tinham várias nuances de palhetada. Essa era a especialidade do Dave – o jeito que ele toca as bases no Megadeth; a maior parte do som da banda vem da mão direita dele. Aprendi a tocar as minhas partes de baixo exatamente como o Dave toca com a mão direita. Ele e eu estamos cem por cento sincronizados. Mesmo sem a presença dele, eu sabia o que fazer e conseguia executar aquilo.

DAVE MUSTAINE: Quando o David e eu nos conhecemos, eu perguntei se ele estava disposto a inventar o "baixo solo". Ele é de longe o melhor baixista que conheço.

RUST IN PEACE

DAVID ELLEFSON: Uma semana antes das sessões de gravação, fui pra casa do Jimmy Bain. Ele tinha sido um dos meus companheiros de heroína, tocava com o Ronnie Dio e me emprestou um baixo de oito cordas. Eu o levei pro meu apartamento em Studio City e criei a linha de baixo que se tornaria "Dawn Patrol". Eu a toquei até machucar os dedos. Estava com a cabeça cheia de dúvidas, porque tinha ficado sóbrio havia pouco tempo. Será mesmo que queria continuar tocando baixo, me perguntava. Na mesma hora, a minha mente retrucou. "Você toca baixo desde os onze anos", a voz na minha cabeça falou. "Você começou a usar drogas aos quinze, e as drogas atrapalharam a sua trajetória o tempo todo. Elas nunca melhoraram nada." Esse pensamento me ocorreu num momento do tipo "escute a voz de Deus", e tive toda a certeza de que gosto, sim, de baixo e que quero continuar tocando. Essa ideia foi forte o suficiente para fazer com que eu começasse a me apaixonar de novo por tocar baixo e fazer parte de uma banda.

MIKE CLINK: Com o Dave fora de combate, não perdi tempo. Dei prosseguimento com o Marty. Originalmente, planejei trabalhar com o Dave primeiro, depois com o Marty, mas prossegui com o Marty e decidi que trabalharia com o Dave quando ele voltasse. Chamei o Micajah Ryan, que tinha sido meu assistente na gravação do *Appetite*, do Guns N' Roses.

MICAJAH RYAN: Quando cheguei, a bateria e o baixo já estavam gravados. Fui lá pra trabalhar nas guitarras. Conheci o Mike quando trabalhei como assistente de engenharia de som em um estúdio chamado Take One, onde os *overdubs* do *Appetite for Destruction* foram feitos. Passamos três meses fazendo aqueles *overdubs* e depois trabalhamos juntos no *Lies*. Ele me ligou e fui à casa dele. O Mike me falou que precisava de ajuda nas sessões de gravação do Megadeth, porque ele estava prestes a começar outros projetos. Ele me pediu para ajudá-lo com as guitarras. Antes disso, eu só havia sido enge-

A GRAVAÇÃO DAS GUITARRAS

nheiro assistente, não tinha assumido o cargo de engenheiro ainda. Quando fui pro estúdio com o Mike, trabalhamos primeiro com o Marty. Ele começou a encontrar um som de guitarra para o Marty.

MARTY FRIEDMAN: Pra ser honesto, o Clink não estava muito presente durante a gravação das guitarras, mas, quando aparecia, era muito útil, e eu estava no céu. O Clink tinha acabado de produzir o maior disco de *rock* de todos os tempos, o *Appetite for Destruction*. Alguns meses antes, eu ficava coçando o saco na Franklin Avenue, e ali estava eu com o produtor mais importante do mundo. Ele era excelente. O Mike me deixava à vontade com comentários casuais, coisinhas para eu pensar quando estivesse tocando. Ele sempre falava a coisa certa, que me punha na direção certa. Mas, na maior parte do tempo, éramos eu, o Micajah e um técnico de guitarra. Não havia muito direcionamento criativo quando eu estava fazendo as minhas partes de guitarra. Eles praticamente me deixavam fazer o que eu quisesse.

DAVE MUSTAINE: Lembrem-se, o Chris Poland já tinha colocado solos nas *demos* do *Rust in Peace*.

MARTY FRIEDMAN: Eu tinha outros problemas e não podia deixar ninguém saber. Estava com um problema sério no braço, muito pior do que tendinite. Os nervos do meu braço direito tinham se deslocado e estavam arruinados por dentro. Se conectavam uns aos outros apenas o suficiente para transmitirem a sinapse do cérebro às mãos. Quando dava um aperto de mão, sentia uma espécie de choque elétrico forte subir pelo braço. Eu tinha acabado de entrar na banda de uma gravadora grande e não queria que ninguém soubesse do problema. Um médico tinha me orientado a parar de tocar guitarra, senão eu podia perder totalmente o movimento do braço. Ele não entendia que eu estava gravando aquele disco. Procurei uma segunda opinião com uma médica esportiva, e ela falou que o primeiro médico provavelmente estava certo, mas, como sabia que eu não ia parar de tocar naquele momento, trabalhou para minimizar a lesão. Fiz fisioterapia diariamente durante dois meses. A médica recomendou que eu tocasse o mínimo possível; sem aquecer, sem ficar improvisando à toa, eu devia fazer a menor quantidade possível de *takes*, só tocar na hora que a luz vermelha para gravar acendesse, fazer a minha parada e cair fora. Esse não é nem de longe o meu estilo. Gosto de fazer um monte de *takes*. Gosto de viver com as coisas, de pensar no que estou tocando, experimentar alternativas e fazer mudanças. Mas ela disse que eu não podia fazer isso, que era pra tocar o mínimo possível.

Foi o que fiz. Eu tinha que usar uma espécie de tipoia no braço quando não estivesse tocando. Para esconder a tal tipoia, eu usava um moletom, o que é estranho em L.A. durante o dia. Acabei não podendo mais manter o segredo, porque precisava colocar o braço no gelo. Tive que contar a eles, porque ia parecer loucura eu ficar colocando gelo no braço. Não revelei a gravidade do problema, e eles não perguntaram; guitarristas vivem fazendo coisas esquisitas com as mãos e os dedos. A única coisa na minha cabeça era que eu tinha que tocar o mínimo possível, acertar a música de primeira, não ficar de bobeira lá. Era chegar, executar e vazar.

Não acho que isso tenha afetado muito minha *performance*. Eu só não podia ficar cheio de minúcias consertando pequenos detalhes. O disco anterior que eu tinha feito com o Cacophony era profundo, com guitarras intensas, extremamente moderno, heterodoxo e muito técnico, com influências nada convencionais de Philip Glass e Stravinsky, uma música complexa, que requeria muita atenção aos detalhes. Felizmente, no Megadeth, a estrutura era mais parecida com a do *pop* – verso, refrão, solo –, e não tinha aquelas enormes e orquestradas extravagâncias de guitarra que exigiam muito mais atenção. Tinha mais a ver com a captura da melhor energia nos primeiros dois *takes*. No fim das contas, não fiquei insatisfeito com nada, mas teria sido legal vivenciar um ambiente mais divertido no meu primeiro disco grande.

A GRAVAÇÃO DAS GUITARRAS

MICAJAH RYAN: O Clink achou o som do Marty e daí em diante ele praticamente deixou comigo a gravação das guitarras. Entrei cru naquele negócio. Sabia pouquíssima coisa do Megadeth. Eu não era do *metal* e não sabia quase nada de *heavy metal*. Não tinha a menor ideia do que estava acontecendo com a banda. O Marty era tão novo na banda, que nem sempre sabia o que era pra fazer. Ele tinha que ligar pro Dave de manhã na reabilitação e perguntar como era para uma música ficar. O Marty devia ter uma ideia, mas ele precisava conferir com o Dave na reabilitação.

DAVE MUSTAINE: Na primeira vez em que fui pra reabilitação, não tinha ideia do que esperar. Dessa vez era diferente, eu era veterano de reabilitação. Sabia que basicamente ia internar, me desintoxicar e voltar a trabalhar. Nessa época, eu sabia o que estava fazendo. Conhecia todos os termos médicos. Conhecia todos os medicamentos. Sabia que provavelmente estava anêmico, porque comia muito doce. Sabia que ia precisar de algo pra pressão arterial, provavelmente Klonopin ou clonidina. Sabia que precisaria de medicação pra controlar a ansiedade, tipo Versed, que é Valium líquido, ou alguma coisa como Vistaril. Eles iam começar a trabalhar na desintoxicação, independentemente de quanto tempo fosse levar. O Bocanegra estava lá pra garantir que tudo ia correr bem. Assim que aquilo acabou, voltei pro estúdio e comecei a trabalhar.

DAVID ELLEFSON: Um mês depois, o Dave saiu da reabilitação. Tínhamos nos mudado pro estúdio C e fiquei observando meio espantado quando ele começou a trabalhar em "Holy Wars". O cara não tocava guitarra havia um mês e a última vez em que tocou foi chapado. No aquecimento, ele estava um pouco enferrujado. O Mustaine sempre gravava em estéreo. Uma vez no canal esquerdo, outra no canal direito, deixando o som dobrado. Quando começou a preencher as faixas, ele estava arrebentando. Dava pra sentir a emoção escutando aquilo sair. É verdade que tem um pouquinho de microfonia mais no final da música, um momento cru em que dá para sentir a intensidade dele.

DAVE MUSTAINE: Fiz o solo de "Holy Wars" em um *take*. Essa é a nossa música mais famosa, mais *thrash*, provavelmente um dos meus melhores solos, e não sei por que o mantivemos. O Angus Young, do AC/DC, tinha falado pra gente que conseguia o timbre de guitarra dele colocando os Marshalls no dez e os empurrando contra a parede com o microfone no meio. Era o que gerava aquele berro infame. Quando tentei fazer isso, a guitarra grunhiu como se estivesse sendo torturada. Comecei a tocar, rolaram algumas notas mortas, e obviamente a parte que dá microfonia não é muito conveniente, mas o solo ficou ótimo. Achei que aquele *take* seria dispensado na edição final do disco.

MIKE CLINK: Ainda que eu tenha editado o disco por partes, eles eram músicos extraordinários. Puta merda, ver o Mustaine tocar aquelas bases com tanta precisão, escutar o Nick Menza fazer todas aquelas mudanças de tempo e o Junior tocar o mais rápido que podia, fiquei maravilhado em ver que havia pessoas que conseguiam tocar daquele jeito. Era um ataque constante de notas vindo na minha direção a mil por hora. O Marty era muito melódico e aquilo surgia nele sem o menor esforço. Todo solo era uma aula de guitarra pra mim. Mesmo com a velocidade, o cara tinha aqueles solos todos nas pontas dos dedos. Ele tinha que ensaiar, é claro, mas parecia um excelente esquiador descendo uma montanha, como se aquilo não exigisse esforço nenhum. Eu me sentia da mesma forma em relação aos solos dele.

DAVID ELLEFSON: A primeira música que o Dave cantou foi "Holy Wars", e, de novo, na última vez em que tinha cantado a música ele estava usando drogas. Na hora da gravação, o Dave tinha saído havia pou-

A GRAVAÇÃO DAS GUITARRAS

co tempo da reabilitação e, talvez ainda meio trêmulo, o cara chega lá e começa a cantar. A voz estava meio fina e rasgada, mas ao mesmo tempo nervosa e imponente. A princípio, quis que fosse o *take* para o aquecimento, mas acabamos ficando com aquele vocal. E ele ter se tornado o primeiro vocal que as pessoas escutam em *Rust in Peace* não é um simples capricho do destino. Olhando pra trás, vejo que ele captura toda a essência de onde estávamos naquele exato momento, aquela obra-prima que criamos na escuridão da heroína e estávamos ali, gravando acompanhados da recente sobriedade.

MIKE CLINK: Quando o Dave saiu da reabilitação, ele estava explodindo de energia. O nosso cronograma diário começava por volta das dez da manhã, quando o Junior e eu íamos jogar tênis. Iniciávamos o trabalho no estúdio por volta das onze ou do meio-dia. Quando o Mustaine voltou da reabilitação, a primeira coisa que quis saber era se podíamos começar a trabalhar às oito da manhã. Falei com ele que aquilo não ia acontecer. Mesmo que eu não fosse jogar tênis e que geralmente estivesse acordado às oito da manhã, porque tenho filhos, puta merda, não estou pronto pra fazer uma porra de um disco de *heavy metal* a essa hora. Ele concordou em não tumultuar o esquema todo. Mas o cara já estava acordado, cheio de energia e pronto pra trabalhar. Acho que ele queria compensar o tempo perdido. Talvez na reabilitação o acordassem cedo, ele estivesse acostumado com esses horários, e às dez ou onze horas já fosse a metade do dia, mas o Dave não criou problema por causa disso, e continuamos com o nosso cronograma habitual.

- DEZ -
O TELEFONEMA DO AXL

MIKE CLINK: Tínhamos quatro quintos do álbum prontos quando o Axl ligou. Ainda precisávamos fazer alguns solos e vocais. Não fui embora no dia seguinte, houve um período de transição. Mas eu ia produzir o *Use Your Illusion* do Guns N' Roses, já tínhamos certeza de que seria um grande disco.

DAVE MUSTAINE: Eu estava de bobeira nos fundos do estúdio Rumbo. A gente levava uns equipamentos lá pra dentro quando o Clink estacionou ali e soltou a bomba Axl Rose em nós: ele tinha ligado, e o Mike precisava ir embora em breve.

DAVID ELLEFSON: Quando estávamos bem envolvidos na gravação do *Rust in Peace*, o Axl de repente liga e fala: "Estou pronto, vamos trabalhar". Foi aí que tiraram o Mike do *Rust in Peace* e o levaram pro *Use Your Illusion I* e *II*.

MIKE CLINK: Eles queriam alguém pra ouvir o material, escutar as músicas. Contrataram o Dave Jerden pra mixar o disco. Eu adoro o trabalho do Dave. Ouvi o primeiro do Jane's Addiction e pensei: "Não interessa o quanto eu melhore, nunca vou ficar bom assim". Foi isso que pensei daquele disco. Achei que o Jerden seria uma ótima pessoa pra terminar o álbum. Ele ficou lá dois dias e meio, sentado em uma cadeira, conhecendo a banda, mas aquilo simplesmente não funcionou com o Dave por uma série de razões.

MICAJAH RYAN: Era para o Dave Jerden produzir o disco. Ele durou uns quatro dias. O Dave Mustaine chegou pra mim e falou: "Tem gente demais chamada Dave por aqui".

DAVE MUSTAINE: Todos temos as nossas recordações de quanto tempo o Jerden ficou por lá. Mas ele foi contratado pro projeto e ficou no estúdio uns, tipo, quinze minutos antes de eu mandá-lo embora. Entrei na sala de controle e o Clink e o Jerden estavam lá. Eles seriam uma equipe e fariam o disco juntos. Teria sido algo sem precedentes. Mas entrei na sala de controle e ele estava lá fumando cigarro, comendo cachorro-quente com chilli e o estúdio tinha cheiro de bar. Estava fedendo. Não fumo cigarro e chegar a uma sala de controle e tomar conta dela não é o jeito de se começar um projeto. Falei: "Não vou tolerar isto nem fodendo". Disse que ele já era, e o cara foi embora. Nunca vi o sujeito de novo, o que é uma pena, porque o Jerden é um produtor excelente e muito talentoso.

MIKE CLINK: Estávamos procurando alguém pra mixar o disco e contrataram o Dave Jerden. Mas a personalidade dele e o momento da vida em que se encontrava na época não faziam dele o candidato pra mixar o álbum do Megadeth. Mas eu havia levado o Micajah Ryan pra ser meu assistente, ele já tinha trabalhado comigo em vários discos e eu sabia que ele dava conta do serviço. Na verdade, ele não produzia, mas era bom em finalização. Pra ser bem sincero, não havia muito mais a se fazer, e ele era perfeito para o que faltava. Tínhamos ficado meses trabalhando em outros discos, então parecia uma substituição natural.

MICAJAH RYAN: Eles meio que jogaram aquilo no meu colo. Não havia mais ninguém lá além de mim. O Mike Clink encontrou o som pro Marty e, a partir daí, deixaram quase tudo pra mim. Gravei todas as guitarras do Marty e do Dave, depois os vocais e todos os *backing vocals* até ficar tudo pronto, tudo gravado.

DAVID ELLEFSON: Havia muito tempo que o Mike tinha falado com o Dave que precisávamos de outra música para o disco, então lhe mostrou as duas coisas que eu e o Nick tínhamos gravado. Por alguma razão, o Dave gostou do que eu tinha feito no baixo, escreveu a letra e aquilo se tornou "Dawn Patrol". Achei legal que a balada do *Rust in Peace* foi criada no baixo. A esta altura, o Dave e eu não sabíamos muito bem como ser amigos. Não sabíamos como interagir. Sóbrios havia pouco tempo, podíamos quase ser piores do que quando chapávamos, porque chapados tínhamos uma espécie de unguento pra passar nas nossas emoções. Agora, de cara limpa, como a gente devia se comportar? O que fazer com aqueles sentimentos? Nós os expressamos? O que estou prestes a falar vai causar problemas? Eu provavelmente tenho um filtro legal, o Dave, nem tanto. Nós dois tivemos uma discussão acalorada sobre "Dawn Patrol". Sempre me pergunto se colocar "Dawn Patrol" no disco não foi uma espécie de ramo de oliveira dele para reafirmar nossa amizade. Não sei. Eu, com certeza, acho que foram a escolha e a música certas.

MICAJAH RYAN: Quando todo mundo foi embora, quando o Dave Jerden foi embora, quando o Dave Mustaine foi embora e o Mike Clink foi embora, ficamos só eu e o Marty. Estávamos trabalhando em *overdubs* para aqueles sons, mas eu também não sabia nada das músicas, não tinha muito conhecimento de *metal* mesmo.

RUST IN PEACE

Mas eu era guitarrista, e guitarras são guitarras. Todas têm seis cordas e a pessoa tem que colocar os dedos no braço do mesmo jeito. Eu sacava de guitarra. Senti que dava conta de fazer aqueles *overdubs*. Mas foi uma doideira. Meio que me jogaram na fogueira e falaram: "Você aí. Faça o melhor que puder". Não havia nenhum auxílio externo. Eu tinha que seguir os meus instintos, quaisquer que eles fossem.

MARTY FRIEDMAN: Fiz um solo na "Holy Wars". O Clink estava lá nesse dia e gostou do que fiz. Eu odiei, mas quem era eu pra discutir com o cara? O solo continuou a me incomodar. Eu ligava pro Dave. Ligava pro Junior. Liguei pro Clink. Todo mundo gostou do solo. Eu era o único que não tinha gostado dele. Mas fiquei enchendo tanto o saco de todo mundo, que me deixaram regravá-lo. Eu refiz e foi ele que ficou, então eu finalmente estava satisfeito com tudo no disco. Tive produtores que não eram tão meticulosos com o jeito que eu tocava quanto eu. Posso não gostar de todo tipo de coisa: problemas de afinação, problemas de fraseado, coisas que eu não gostaria de deixar pra posteridade. Geralmente, é mais legal concordar com o produtor do que ser um guitarrista cuzão. Tudo depende da importância do produtor, da importância da gravação e de qual é a minha posição hierárquica em um determinado cenário. Mas, naquele momento, era uma certa ousadia minha ficar pedindo ao produtor um monte de vezes pra consertar aquilo. Eles deixaram, e fiquei feliz por terem usado a que gravei depois.

MICAJAH RYAN: Não tínhamos notícia do Mike. Ele estava totalmente atolado com o Guns N' Roses. Ficou muito ocupado com eles. Apesar de não me encontrar com ele e de não ter notícia do cara, ele me dava apoio. Os cheques continuavam chegando e tudo progredia, só não havia muita interação.

O TELEFONEMA DO AXL

DAVE MUSTAINE: Não quero ofender o Mike, ele é um bom rapaz e ótimo produtor, mas agia como se fosse o único adulto do grupo naquele trampo. Ele foi embora, porra. No meio do projeto. Quando analisamos os detalhes, é fácil enxergar que não havia ninguém responsável por fazer aquilo acontecer. Algumas pessoas contribuíam mais do que outras, mas, mesmo que eu queira levar o mérito pela minha parte nele, eu sei que aquilo é resultado de um grupo de pessoas.

MICAJAH RYAN: O Mike ligou e me falou que tinha contratado o Max Norman pra mixar o disco e que eu tinha que entregar as fitas pra ele num estúdio chamado Grey Room, que era onde eu trabalhava de assistente, então eu conhecia o lugar muito bem. O Max, é claro, era aquele produtor de discos muito conhecido pelos dois primeiros álbuns do Ozzy Osbourne, *Blizzard of Ozz* e *Diary of a Madman*. Levei as fitas lá e passei as coordenadas pro Max, contei o que estava rolando e deixei o cara lá pra fazer a mixagem. Voltei pra casa, fiquei esperando o próximo trabalho e um dia o telefone tocou, era o Max. Ele disse que não conseguia entrar em contato com ninguém para aprovar a mixagem e perguntou se eu não queria ir lá dar uma escutada no material. Falei que ia. Tentei entrar em contato com o pessoal do projeto, mas também não consegui falar com ninguém.

DAVE MUSTAINE: Depois que o Mike foi embora, sobramos o Micajah e eu. O Max só apareceu quando o disco estava pronto e podia ser mixado. Falei basicamente o seguinte: "Tchau, Mike; oi, Micajah. Tchau, Micajah; oi, Max". Não me lembro de alguma vez esses caras terem ficado juntos comigo no mesmo cômodo.

MAX NORMAN: Fui ao Rumbo Recorders falar com o Mike Clink. Ao lado do estúdio A, havia uma sala de jogos e entrei nela. O Dave estava jogando sinuca com o Ellefson. O Clink chegou e eles o chamaram de Mild Mike ou Mellow Mike. Praticamente, a primeira coisa que ele me disse foi que não tinha muito o que detalhar. Olhei-o e falei que tudo bem. Ele explicou qual seria o acordo. Ele tinha que fazer um negócio com o Guns N' Roses. O disco do Megadeth estava quase pronto e só precisava de alguém para arrematá-lo.

Basicamente, combinamos o preço. Eu tinha trabalhado no One Studios, em North Hollywood, algumas vezes, então o agendamos. Eles tinham uma pequena sala de mixagem na lateral direita, logo após a entrada. Fomos pra lá e começamos a mixar. Eu trabalhava durante o dia e o Dave aparecia no final da tarde. Ele dava uma escutada, fazia uns comentários e a gente trabalhava.

DAVE MUSTAINE: No trabalho com o Max, fizemos coisas que nunca havíamos feito. Eu não saberia ter gravado um prato, reduzido a velocidade e virado ao contrário. Fizemos isso entre duas músicas. Quando a "Rust in Peace" acabava e a "Polaris", a segunda parte dessa música, começava, no meio batemos num prato e diminuímos a velocidade. Porque, se você escutar "Over the Mountain"[8], do primeiro disco do Ozzy, tem um prato que parece o chiado de algo fritando, que vira um chuveiro e depois a música começa. Perguntei ao Max o que era aquilo, ele disse que bateu num prato e diminuiu a velocidade da fita. Achei que ia ficar muito legal se fizéssemos aquilo ao contrário e fôssemos aumentando o som. Enfiamos isso bem antes da parte em que entra o *riff* de "Polaris".

MICAJAH RYAN: Não sei onde o Dave estava. Não o vi. Depois que terminamos os *overdubs* de guitarra e vocal, eu não lembro. Só o vi novamente bem no final, quando ele queria que o Max fizesse algumas coisas, como inserir o som de um prato ao contrário, umas coisinhas do tipo. Foi a única vez que o vi durante a mixagem, só

---

[8] Na verdade, o efeito mencionado por Mustaine antecede o *riff* inicial de "I Don't Know", faixa de abertura do primeiro disco do Ozzy Osbourne, o *Blizzard of Ozz*. (N. do T.)

um momentinho no final do processo. Foi a última vez em que vi o Dave Mustaine.

MAX NORMAN: O Dave achava que eu conhecia um monte de truques das antigas pra fazer as edições, é claro, e ele falou algo sobre pratos ao contrário. Eu estava fazendo muitos discos na época, e tenho certeza de que usamos alguns desses truques, virar a fita e rodá-la ao contrário pra gravar a reverberação invertida e coisas assim. Esses artifícios eram bem padrões na época.

MICAJAH RYAN: O Mike tinha gravado a bateria e aproveitado *takes* diferentes, ele usava uma parte da bateria de um *take*, aí na parte seguinte ele aproveitava outro *take*, e isso gerou uma diferença sonora na bateria. Por exemplo, no primeiro *take*, a caixa tinha um som, no segundo *take*, o som dela era levemente diferente. O Max passou muito tempo equalizando a bateria para que ela soasse igual ao longo das fitas editadas.

MAX NORMAN: O Mike gostava muito de fazer edições, e havia uma grande quantidade delas na fita. Isso ficou evidente pra mim quando estava fazendo um *playback*, escutando a mixagem e, ao chegar à ponte antes do refrão, a caixa desaparecia totalmente. Não demorei a perceber que aquela caixa era totalmente diferente da que estava nos versos, talvez de um *take* diferente, ou o baterista não a tivesse acertado bem, ou ela tivesse sido gravada em um nível levemente distinto. Isso exigiu muito reparo, fazer o remendo com outra faixa, automatizar a troca de canal e depois reinserir na ponte antes do refrão. Havia muitas partes assim. Demorou um pouco pra estabilizar as músicas. Felizmente, isso só tinha afetado a bateria. Não era um negócio muito chato, mas levamos um tempo considerável normalizando tudo nas músicas.

RUST IN PEACE

MICAJAH RYAN: Fui ao estúdio e o Max tocou a mixagem. Escutei e falei algo do tipo: "Acho que precisa de mais um pouco de bateria aqui" e "essa guitarra precisa ficar um pouco mais alta, quem sabe mais um pouco de vocal aqui" – só retoques bem pequenos. O Max fez essas coisas e esperamos alguém ir lá escutar a mixagem e aprová-la, mas não tinha ninguém, então simplesmente seguimos em frente com o disco todo. O Max era excelente. A habilidade técnica dele na mixagem era extraordinária, e eu fiquei muito impressionado. Prosseguimos desse jeito até chegarmos ao final do disco, e foi isso que rolou.

- ONZE -
AS MÚSICAS

HOLY WARS... THE PUNISHMENT DUE
GUERRAS SANTAS... A DEVIDA PUNIÇÃO

No dia seguinte ao nosso show em Antrim, na Irlanda do Norte, quando fiz o comentário desinformado sobre "A Causa" no palco, fomos tocar no Rock City, em Nottingham, Inglaterra, e comecei a escrever a letra de "Holy Wars". Ela se transformou em uma das nossas músicas mais importantes. Na verdade, a gente fecha os shows com ela. Costumávamos abrir os shows com essa música, até o Vinnie Paul, baterista do Pantera, sugerir abrirmos com "Hangar 18". Eu achei uma boa ideia, então transferimos "Holy Wars" pro final, e ela sempre fecha com chave de ouro. O primeiro verso saiu direto da minha experiência em Antrim:

> *Irmão matará irmão*
> *Espalhando sangue pela terra*
> *Matar por religião*
> *Coisa que eu não entendo*

RUST IN PEACE

Idiotas como eu, que atravessam o mar
E vêm a terras estrangeiras
Perguntam aos cordeiros se por crença
Vocês matam a mando de Deus?[9]

Então recorri à profecia da *Bíblia*, em que algumas pessoas acreditam que a paz chegará a Israel pelos quatro lados antes de o Anticristo e o Messias retornarem.

O fim está próximo, está cristalino
Parte do plano mestre
Não olhe agora para Israel
Pode ser a sua terra natal

Guerras Santas[10]

É, pode ser a sua terra natal, bem aqui, na Irlanda. Na parte central da música, subi no palanque e falei sobre diferentes tipos de pessoas que tentam doutrinar e fazer lavagem cerebral com propaganda: o juiz, o pastor, o vendedor, o intelectual sabichão, o carrasco, tudo isso. Nesse momento, a música para e a parte seguinte dela começa, um pequeno intervalo faz a transição pra segunda metade da música: "The Punishment Due" (A devida punição). Essa escrevi pelo ponto de vista de Frank Castle, do "Justiceiro", um anti-herói da Marvel Comics que eu adorava. Ele é um assassino impenitente. A indiferença ferrenha – tanto em relação aos patrões quanto aos inimigos – o torna imune aos julgamentos deles. E isso tudo leva ao clímax da conclusão. Começo com o que fizeram com o Frank Castle para endurecer o coração dele.

---

9 *Brother will kill brother / Spilling blood across the land / Killing for religion / Something I don't understand / Fools like me who cross the sea / and come to foreign lands / Ask the sheep for their beliefs / Do you kill on God's command?*

10 *The end is near, it's crystal clear / Part of the master plan / Don't look now to Israel / It might be your homeland/Holy Wars.*

AS MÚSICAS

Eles mataram minha esposa e meu bebê
Na esperança de me escravizar
Primeiro erro... último erro!
Pago pela aliança para matar todos os gigantes
Mais um erro... chega de erros![11]

Essa última parte sempre explode no show. O público perto do palco fica batendo cabeça e cantando a letra até *"Next mistake... no more mistakes"* ("Mais um erro... chega de erros"). Esse verso serve como frase-clímax e as guitarras poderosas decolam a partir daí. Essa música tem uma complexidade considerável no trabalho de guitarra. É uma base quase polifônica, em que a base sozinha já é bem difícil, mas tocar e cantar ao mesmo tempo é o equivalente musical a esfregar a barriga e dar tapinhas na cabeça. Não é fácil.

Nunca se sabe de onde uma música vem nem para onde vai. Muitas vezes, ela começa com tempos totalmente diferentes. A "Holy Wars" ganhou vida bem mais lenta. No estúdio, nós a aceleramos consideravelmente.

O vídeo foi importante pro sucesso da música. Dirigido por Benjamin Stokes e Eric Zimmerman, dois produtores de vídeo de Chicago que chamávamos de Bert e Ernie[12]. O vídeo ficou ótimo, eu achei, com exceção de um detalhe mínimo. Sofremos muito com a zoação das pessoas por termos tocado sem camisa, além disso, quando o tanquezinho de brinquedo entra no meio das imagens soprando fumaça pelo canhão, eu fiquei injuriado. Era a coisa mais idiota que eu já tinha visto, e falei para o Bert e o Ernie tirarem aquilo. Fiquei furioso quando vi que deixaram. Parece que a namorada de alguém fez aquela porcaria, por isso o tanque de brinquedo ficou no vídeo.

---

[11] *They killed my wife and my baby / With hopes to enslave me / First mistake... last mistake! / Paid by the alliance, to slay all the giants / Next mistake... no more mistakes!*

[12] Referência aos personagens Bert e Ernie, do programa de TV norte-americano chamado *Sesame Street*. No Brasil, a série ganhou o título de *Vila Sésamo*, e os personagens foram batizados de Beto e Ênio. (N. do T.)

RUST IN PEACE

Quase mais do que todas as outras, essa música tem um lugar especial no coração dos fãs. Até hoje, sempre que alguém me entrega uma guitarra para autografar, palheto o *riff* de abertura de "Holy Wars" e conto o que toquei. Sempre funciona. É tipo a nossa "Detroit Rock City".

HANGAR 18

As pessoas sempre comparam "Hangar 18" a "The Call of Ktulu", que está no *Ride the Lightning*, do Metallica. Ela tem a mesma estrutura de acordes, mas eles não são tocados na mesma sequência. Como eu compus as duas músicas, faz sentido que tenham os mesmos acordes. Não é tocada da mesma forma, mas é muito similar a "The Call of Ktulu", que ganhou vida como "When Hell Freezes Over".

Mas a "Hangar 18" existe há mais tempo ainda. Antes do Metallica, eu era de uma banda chamada Panic, e a gente tinha tocado essa música, mas na época ela chamava "N2RHQ". Eu tinha ido a um aeroporto e visto N2RHQ na cauda de um avião. Achei que significasse "no nosso quartel-general"[13]. Não é legal? Aquilo me inspirou a escrever uma música sobre um destino no espaço, nosso quartel-general no espaço.

> *Bem-vindo à nossa fortaleza*
> *Dedicarei um tempo a lhe mostrar este lugar*
> *É impossível derrubar estes muros*
> *Veja como o aço é resistente*

---

13 A pronúncia, em língua inglesa, das duas primeiras letras, do número, mais o acrônimo HQ de *headquarter* o fizeram chegar à conclusão de que "N2RHQ" significava *into our headquarters*, ou seja, no nosso quartel-general. (N. do T.)

AS MÚSICAS

> *Computadores enormes para governar o mundo*
> *Equipamentos para observar as estrelas*[14]

Era um esquema bem *Tron: Uma odisseia eletrônica/Guerra nas estrelas/Jornada nas estrelas*. No início, a música não tinha Hangar 18, mas ela possuía tudo menos esse verso final.

> *Já devo ter visto coisas demais*
> *Hangar 18, sei coisas demais*

Estávamos escutando muitas fitas de comédia na época, e eu adorava o George Carlin e os oximoros dele – inteligência militar, camarão gigante, ética nos negócios – e foi daí que tirei o verso sobre inteligência militar/*military intelligence*.

Depois da segunda estrofe de "Hangar 18", era hora de simplificar a guitarra. Eu via com frequência um comercial de TV da marinha dos EUA que exibia um submarino com os marinheiros lá dentro mostrando que sabiam fazer tudo muito bem, e ele tinha uma musiquinha de fundo. O *riff* possuía uma energia legal que me empolgava muito. Peguei a guitarra e comecei a tocar até criar a segunda metade de "Hangar 18", em que entra o solo de guitarra.

Depois que chegamos à parte dos solos e começamos a intercalá-los, ficou assim: Marty, Marty, eu, Marty, eu, Marty, eu. Ficávamos passando o bastão um para o outro, trocando socos – defina como quiser –, intercalando um solo de cada, e decidi que devia acelerar à medida que progredíamos. Ao final de cada solo, havia um fraseado e depois dele a gente sempre acelerava o tempo. A cada troca de solo, a batida por minuto tinha aumentado consideravelmente.

---

14 *Welcome to our fortress tall / I'll take some time to show you around / Impossible to break these walls / For you see the steel is much too strong / Computer banks to rule the world / Instruments to sight the stars.*

RUST IN PEACE

TAKE NO PRISONERS
NÃO FAÇA PRISIONEIROS

Eu estava assistindo a muitos filmes sobre a Segunda Guerra Mundial e acabei enxergando um paralelo esquisito disso com a mentalidade militante do mundo do *metal*. Esse tipo de mentalidade tinha começado a invadir com intensidade o alto escalão do Big Four[15], que estava se transformando na milícia do *metal*. Também foi na mesma época que o Tom Cruise estrelou o *Nascido em 4 de Julho*, filme sobre o Ron Kovic, um veterano do Vietnã que volta aleijado pra casa.

Além disso, eu admirava o presidente John F. Kennedy, embora tivesse dois anos quando ele foi morto. Na adolescência, após sobreviver a Nixon, Ford e Carter, chegou a hora de me alistar no serviço militar obrigatório; um amigo e eu fomos ao correio juntos e colocamos o cartão de registro na caixa do correio para garantir que tínhamos enviado. Eu era cético a respeito de guerras estrangeiras – era a Coreia que ameaçava na época? – e indiferente à política. Mas eu sabia que moleques de 18 anos estavam navegando porta-aviões de bilhões de dólares, comandando o navio e ainda assim obedeciam à autoridade. Me dei conta de que aqueles moleques podiam sacrificar a vida, e mesmo assim deviam cortar o cabelo.

Eu já tinha testemunhado o tratamento que o Departamento de Veteranos deu ao meu pai, um veterano do exército. E estava vendo que um monte daqueles caras voltava como zumbis, principalmente os veteranos do Vietnã, que regressavam pra levar cusparadas. Não havia desfile para eles.

Mas a música é mesmo sobre a Segunda Guerra Mundial e a derrota do Terceiro *Reich*. Ainda que minha mãe fosse alemã, não sou nem um pouco antissemita, então não acho que a música tinha esse sentido. Pra mim, era como ver a Segunda Guerra Mundial terminar.

---

15 Big Four é o apelido dado ao grupo composto pelas quatro bandas mais importantes dos primórdios do *thrash metal* americano: Anthrax, Megadeth, Metallica e Slayer.

AS MÚSICAS

Tem uma oportunidade, infiltre-se
Faça a coisa certa, acabe com eles
Os panzers os atravessarão
Acabe com o orgulho deles, deprecie-os
E o povo deles, retrograde-os
Tifo, deteriore-os
Epidemia, devaste-os
Não faça prisioneiros, creme-os
Queime![16]

Eu queria que a abertura soasse como um sargento ladrando ordens, como o sargento Hartman, de *Nascido para matar*, interpretado por R. Lee Ermey. A banda e eu fizemos um *gang vocal*, uma chamada e uma resposta. Peguei "guerra é paz" do romance *1984*, do George Orwell. Distorci o comercial de TV para a reserva do exército, cuja promessa era de que a pessoa podia "ser o que quisesse" ao se alistar nas forças armadas. E, por fim, inverti a fala do John F. Kennedy.

Não pergunte o que você pode fazer pelo seu país
Pergunte o que o seu país pode fazer por você
Não faça prisioneiros, não aceite merda de ninguém![17]

Por causa dos *riffs*, "Take no Prisoners" é uma das músicas mais complexas do *Rust in Peace*. O início explode com um andamento alucinante – provavelmente a velocidade mais alta com que eu conseguia tocar aquele *riff* na época –, quase uma armadilha de dedo chinesa. O movimento dos dedos é intrincadíssimo, mas o segredo está na execução do padrão, não na velocidade com que se toca.

---

16 *Got one chance, infiltrate them / Get it right, terminate them / The Panzers will permeate them / Break their pride, denigrate them / And their people, retrograde them / Typhus, deteriorate them / Epidemic, devastate them / Take no prisoners, cremate them / Burn!*

17 *Don't ask what you can do for your country / Ask what your country can do for you / Take no prisoners, take no shit!*

Se acelerar demais, você perde o ritmo. Há uma forma de tocá-lo para que a fluidez fique bonita, além do mais, eu não conseguia tocar mais rápido mesmo. Há partes militares ágeis com cadências na caixa e umas bases fáceis que de repente viram solos violentos. Os fãs adoram cantar a parte no final em que falo: "*Take no prisoners, take no shit*" – sempre repetimos isso várias vezes. Sempre foi uma palavra de ordem pra mim. Quando as pessoas me pedem algum conselho de vida, sempre digo "não aceite merda de ninguém".

FIVE MAGICS
CINCO MAGIAS

Eu estava morando no estúdio em Vernon. Tinha feito um *loft* com um colchão e uma luz em cima dele. Eu possuía um ebulidor e uma caneca de alumínio em que fervia água e fazia *toddies*[18] e outras coisas. Às vezes, eu ia pro *loft* com alguma garota, às vezes, ia pro apartamento delas, mas geralmente só lia à noite antes de dormir. Foi uma época solitária pra mim.

Uma mulher costumava comprar heroína de um traficante que eu conhecia. De vez em quando, eu ia pegar com ela e usava um pouquinho. Ela ficava toda animada e afetuosa e a gente ia passar a noite na casa dela. Quando levantava pra ir trabalhar na manhã seguinte, ela sempre me falava a que horas eu tinha que ir embora para que não estivesse lá quando a pessoa que dividia o apartamento com ela acordasse. Eu levantava, fazia um café e ia embora no horário que ela tinha marcado.

Foi lá que achei o livro *Master of the Five Magics*[19], e ele me fascinou. Escrito por Lyndon Hardy e publicado em 1980, o romance de

---

18 *Hot Toddy* é uma bebida com várias receitas, mas que, na grande maioria das versões, leva uísque, chá, limão, mel, canela e é servida quente. (N. do T.)

19 *Mestre das cinco magias*, em tradução livre. Livro atualmente sem publicação no Brasil. (N. do T.)

AS MÚSICAS

fantasia, primeiro da trilogia, conta as aventuras de Alodar na terra de Procolon enquanto ele busca se destacar o suficiente para ganhar a mão da rainha Vendora e se casar com ela.

Li o livro, não sou plagiário, mas ele me influenciou consideravelmente. Nem usei as mesmas cinco magias, inventei as minhas. A música é basicamente uma combinação do livro e do filme *O feitiço de Áquila*, de 1981, estrelado por Rutger Hauer e Michelle Pfeiffer, uma fantasia romântica envolvendo magias sombrias e feitiços malignos. Mas a música começa muito similar ao livro, com o herói procurando esses poderes.

Agora, uma parte é do livro, o serpe, e essa foi a única coisa que tirei diretamente – *desfilam monges de mantos cinza/virgens vestais, tragam as serpes sobre rodas*[20]. Não tem nada a ver com nada. Achei que soava legal.

> *Conceda-me a magia,*
> *Feiticeiro repleto de conhecimento e saber*
> *Quero governar meu reino*
> *Torne doce a brisa que foi aviltada*
> *Destrone os punhos de ferro do príncipe maligno*
> *Envoltos em aveludadas luvas de pecado*
> *Desfilam monges de mantos cinza*
> *Virgens vestais, tragam as serpes sobre rodas*[21].

Ainda que essas cinco coisas sejam todas individuais, elas são todas as mesmas. São todas magias, mas são todas diferentes. São similares, mas distintas. No final da música, há uma parte esquisita para as pessoas cantarem junto em que faço um jogo de duas vozes com o mago:

---

20 *Parade the gray-robed monks / The vestal virgins, wheel the wyverns in.*

21 *Bestow upon me knowledge / Wizard, all-knowing, all-wise / I want to rule my kingdom / Make sweet the breeze that was defiled / Dethrone the evil prince's iron fists / In velvet gloves of sin / Parade the gray-robed monks / The vestal virgins, wheel the wyverns in.*

RUST IN PEACE

Possuído pelo tormento infernal (possuído pelo tormento infernal)
Domino eu as cinco magias (domino eu as cinco magias)[22]

Não sei quem ele é. Não falo quem esse mago era, se era um mago bom, ou se era mau. Mas nessa parte escutamos a voz dele. Eu queria um efeito de voz grotesco. Experimentamos um monte de efeitos eletrônicos, depois simplesmente coloquei as mãos em concha e falei por entre elas, e foi assim que fizemos o perfeito efeito de som diabólico e infernal. Este foi o meu carinha diabólico – as minhas mãos. Foi daí que saiu a malvadeza.

Toda vez que canto essa música eu o imagino falando com Merlin. Não sei por que não o mencionei – provavelmente fiz isso no primeiro rascunho –, mas não dei nome a ele.

Aquele que vive pela espada certamente também morrerá
Aquele que vive em pecado certamente viverá a mentira[23]

Perceba que, depois que ele fala *aquele que vive em pecado*, fica esperando, e quando eu digo, *certamente viverá a mentira*, não há resposta. Por que não há resposta? Ele é o vilão e eu o herói? Estou com as cinco magias e caçando o abismo, então é óbvio que sou o herói, mas com quem estou falando? Será que sou mesmo eu? É o Narciso? É um eco? O que é aquilo? Não quero ser uma bosta de um cara exageradamente moral, mas curto o Esopo e a forma como ele sempre desenvolvia bons finais para as fábulas dele. Não quero que as pessoas pensem que há nada de bom em magia sombria – esse negócio estragou a minha vida durante muitos anos. As pessoas sabiam que eu fazia feitiçaria, mas isso é um negócio que eu nunca quis que se popularizasse.

---

[22] Possessed with hellish torment (possessed with hellish torment) / I master magics five (I master magics five).

[23] He who lives by the sword will surely also die / He who lives in sin will surely live the lie.

AS MÚSICAS

POISON WAS THE CURE
O VENENO ERA A CURA

Eu achava que sabia sobre o que era essa música. Pelo menos, achava que sabia. Mas, olhando para trás, percebi que escrevi uma metáfora para a heroína, e não para os meus relacionamentos.

> *Que saudade do abraço caloroso que senti*
> *Na primeira vez que você me abraçou*
> *Seguro e a salvo em braços abertos*
> *Eu devia saber que você me esmagaria*[24]

Qualquer um que já usou heroína sabe que essa é a sensação.

> *Você era uma cobra quando nos conhecemos*
> *Eu a amei mesmo assim*
> *Mostrando suas presas envenenadas*
> *O veneno nunca desaparece*[25]

Essa estrofe é sobre chegar ao ponto em que fui picado pela heroína ou por um indivíduo. Hoje, não sei dizer sobre qual deles era a música. No final, acabo recuperando a consciência. Se você analisar todas as minhas músicas, verá que a maioria delas começa com o protagonista encarando a adversidade, mas, no refrão final, ele superou os inimigos e emergiu vitorioso. Há sempre uma moral da história, é o esquema do Esopo de novo.

> *De* rock star *a idiota de escritório*
> *Era o meu destino, alguém disse*

---

24 *I miss the warm embrace I felt / First time you touched me / Secure and safe in open arms / I should have known you'd crush me.*

25 *A snake you were when me met / I loved you anyway / Pulling out your poisoned fangs / The venom never goes away.*

RUST IN PEACE

A vida é uma poça de maré
Saboreie as águas, a vida é abundante[26]

A frase *a vida é uma poça de maré, saboreie as águas* é do Bocanegra, o conselheiro que me ajudava a me livrar dos vícios. Ele me influenciou muito a ficar e continuar sóbrio, mas não era um compositor. Uma vez ele disse a mim e ao Ellefson que tinha escrito umas letras e queria que a gente desse uma olhada. Foi meio triste. Eu não queria falar nada pra ele, e não sei se o cara estava de zoeira, mas ele escreveu: "A Lua atrás das nuvens é tão grande". Falei pra ele: "Não escreva letras, continue sendo conselheiro".

LUCRETIA

A "Lucretia" é objeto de muita controvérsia. As pessoas querem saber quem é Lucretia. Dizem que escrevi o nome errado. Elas têm todo tipo de opinião sobre essa música, mas estão todas erradas. Escrevi essa música sobre uma fantasia da minha cabeça e a intitulei Lucretia. Nem sei quem é. Fui eu que inventei tudo e escrevo a palavra do jeito que eu quiser.

Acordado, tarde da noite
Atravesso a escuridão na ponta dos pés
Frio como o inferno, negro como espadas
Atento ao que me rodeia
Na minha casa, fujo
Para o meu refúgio
Me escondo de todo mundo
Meus amigos dizem
"Dave, você está louco mesmo"
(Ei!)[27]

---

26 *From a rock star to a desk fool / Was my destiny, someone said / Life's a tide pool / Taste the waters, life's abundant.*

27 *Sitting up, late at night / I tiptoe through the darkness / Cold as hell, black as spades / Aware of my immediate surrounding / In my place, I escape/Up into my hideout / Hiding from everyone / My friends all say / "Dave you're mental anyway" / (Hey!).*

AS MÚSICAS

Eu me lembro de quando ficava me esgueirando pelas casas, usando drogas, nessa época a minha vida tinha afundado a um nível muito baixo de devassidão e eu ficava escondendo as coisas de todo o mundo. Eu também me lembro do meu *loft* no estúdio, que era a casa para onde eu fugia, era o meu refúgio, e ali me escondia de todo o mundo. E a letra continua:

> *Sou levado a um estado mais profundo*
> *Espreito as escadarias cheias de teias de aranha*
> *Sujeira grossa sob os pés*
> *A escada range aos meus passos hesitantes*[28]

Isso sou eu pegando no sono e indo para aquele lugar onde você flutua crepúsculo adentro. E depois:

> *A hipnose guia a minha mão*
> *Atravesso os passadiços deslizando*
> *Sento na cadeira de balanço da vovó*
> *Memórias redemoinham, yeah!*
> *Reminiscências no sótão*
> *Lucretia aguarda impaciente*
> *Teias de aranha me fazem semicerrar os olhos*
> *A serpente muito eloquentemente cintila*[29]

Quando eu era jovem, o comediante Jonathan Winters tinha um programa de televisão em que ele subia ao sótão e explicava aquele monte de porcaria que tinha lá. Imagino que era uma espécie de representação física daquilo acumulado no cérebro dele. Uma das coisas que ele tinha era uma cobra de pelúcia. Eu me imaginei no

---

[28] *Drift into a deeper state / I stalk the cobwebbed stairways / Dirt grits beneath my feet / The stair creaks, I precariously sneak.*

[29] *Hypnosis guides my hand / I slip-slide through the walkways / Sit in granny's rocking chair / Memories are whirling by, yeah! / Reminiscing in the attic / Lucretia waits impatiently / Cobwebs make me squint / The cobra so eloquently glints.*

sótão com aquele monte de porcaria e uma cobra de pelúcia, um mangusto de pelúcia e os dois sentados, um diante do outro, com uma bola de cristal entre eles. Terminei assim:

> *Raios de Lua ondeiam pelo céu*
> *A bola de cristal está energizada*
> *Com certeza, como o gato*
> *Aguardando, Lucretia segue balançando*[30]

Terminei com a Lucretia balançando porque imaginei uma avó idosa, mas como ela era uma cigana lá em cima no sótão, não se preocupava com nada.

TORNADO OF SOULS
TORNADO DE ALMAS

Embora eu escutasse obsessivamente notícias sobre coisas *pop* como "Forever Your Girl", o *single* do disco da Paula Abdul no qual as pessoas afirmavam que ela não tinha cantado, a "Tornado of Souls" brotou da minha imensa dor devido ao término do relacionamento de seis anos com a minha noiva, a Diana, durante o período em que eu estava na reabilitação no Beverly Hills Medical Center. A minha doença estava desenfreada e arruinando tudo e todos que eu amava. Principalmente a garota com quem eu queria casar. No final, não nos conectávamos mais. A gente se deu bem um tempo, mas acabava sempre brigando. Acredito que gostávamos muito um do outro, mas, por alguma razão, não conseguimos ficar juntos. E me veio à cabeça: estávamos sempre mais seguros no olho do furacão. Não sei por que nos surgiu essa frase, mas ela apareceu assim.

---

30 *Moonbeams surge through the sky / The crystal ball's energized / Surely that, like the cat / Waiting, Lucretia rocks away.*

AS MÚSICAS

Hoje cedo fiz a ligação
A que terminou tudo
Ao desligar, eu quis chorar
Mas, porra, essa fonte já tinha secado
Não é pelo dinheiro, não é pela fama
Não é pelo poder, esse jogo acabou[31]

A música surgiu do meu profundo pesar por causa do meu término com a Diana, ainda que o guitarrista Chris Poland tenha dado uma mão em alguns dos últimos versos e mais alguém tenha sugerido algo da música "The Future's So Bright, I Gotta Wear Shades", do Timbuk 3. Foi basicamente uma letra que escrevi para a Diana, porque eu não conseguia terminar, ainda que fosse o que eu queria.

Mas agora estou a salvo no olho do furacão
Não posso substituir as mentiras
Que acabaram com mil dias
Chega de viver preso aqui dentro
No caminho dela certamente morrerei
No olho do furacão, me explodam[32]

DAWN PATROL
PATRULHA NOTURNA

O David Ellefson criou uma linha de baixo. Um *riff* simples, que não me impressionou nada a princípio. Achei meio capenga, pra falar a verdade, mas ele ficou na minha cabeça. Então, depois de acor-

---

31 *This morning I made the call / The one that ends it all / Hanging up, I wanted to cry / But dammit, this well's gone dry / Not for the money, not for the fame / Not for the power, just no more games.*

32 *But now I'm safe in the eye of the tornado / I can't replace the lies that let a thousand days go / No more living trapped inside / In her way I'll surely die / In the eye of the tornado, blow me away.*

RUST IN PEACE

dar num dia de manhã, após ter assistido na noite anterior ao filme *Time Cop: O guardião do tempo*, do Jean-Claude Van Damme, e ter tido um sonho maluco sobre ele, rascunhei a letra de "Dawn Patrol". Pedi ao Ellefson: "Toca aquele *riff* de novo para mim".

Já chegando ao final do *Rust in Peace*, eu não tinha me dado conta de que o Ellefson não possuía nenhuma composição no disco e isso havia levado a desentendimentos sérios no passado. Em muitos discos, todos na banda são creditados como compositores de uma determinada música, pra que todo mundo tenha participação nos *royalties*.

Ele tocou o *lick* de novo, e eu fiz os arranjos para a *demo*. Comecei a falar por cima da gravação, agindo igual a um psicopata do futuro, como no filme, e, no final, quando falo que passamos a vida como toupeiras, distorci a voz para que ela soasse como um nozinho contorcido. Eu tinha uma imagem maluca baseada na cena d'*O franco-atirador*, em que ratos presos debaixo de um capacete roem a barriga de um soldado ferido, e na do *1984*, quando ratos ficam na frente do rosto das pessoas com a cabeça presa numa gaiola. A ideia de ser mastigado por ratos – ou qualquer tipo de animal selvagem, aliás – pode nos levar à insanidade. Não é algo que eu tema acontecer comigo, porém, a imagem na minha cabeça é inevitavelmente tortuosa. Basicamente, a música é a minha interpretação do Megadeth no futuro e dessas pessoas no papel de autoridade.

RUST IN PEACE... POLARIS
ENFERRUJE EM PAZ... POLARIS

Quando o Metallica começou, a gente percorria a Rodovia Pacific Coast pra cima e pra baixo direto, o Hetfield, o Lars e eu. Íamos de carro de Orange County a Huntington Beach, porque era lá que rolava a curtição. Era lá que estavam todos os meus amigos. Eu tinha feito o segundo grau no colégio Marina, em Huntington Beach, e vivia indo pra lá de carona. Foi lá que tomei gosto por tocar música em festas regadas a barris de cerveja. A gente ia de festa em festa,

AS MÚSICAS

bebia, ficava mamado e via as bandas tocarem. Havia alguma coisa em música ao vivo que me empolgava. Quando apagavam as luzes e as luzinhas vermelhas dos amplificadores brilhavam no escuro naquelas festas nas casas das pessoas, eu ficava fascinado.

Antes de entrar no Metallica, antes mesmo da minha primeira banda, o Panic, eu tocava sozinho com um baterista chamado Dave Harmon. Ele tinha uma bateria e eu costumava fazem um som nela. Foi nesse instrumento que a levada de batera da "Rust in Peace" surgiu e, se prestar atenção, é uma levada bem juvenil.

Criei um *riff* de guitarra pra casar com a levada de bateria, e esse foi o início do meu estilo de tocar influenciado pelo *jazz*. Eu tinha que fazê-lo acompanhar aquele ritmo e usei uma notação diferente, que foi a minha primeira tentativa de compor músicas intrincadas. Ela foi composta antes mesmo do Panic. Toquei a música em uma daquelas festas, e a banda que estava se apresentando quase a aprendeu. Muito tempo depois, andando pela via expressa com o David Ellefson e escutando a rádio KLOS, ouvi a música retornar a mim anos depois, tocada pela mesma banda que a tinha aprendido comigo naquela festa. Até o nome da banda era Child Saint, o primeiro título que dei à música. Mas tiro o chapéu para os caras: eles desistiram da música depois que reclamei.

Mas a música "Rust in Peace", na verdade, começou quando sonhei que estava percorrendo aquela estrada, principalmente perto da estação de tratamento de água em Newport Beach. Ela era um lugar central no meu sonho e havia armadilhas para tanques gigantes – enormes peças de aço em forma de X chamadas ouriço tcheco. No sonho, eu via crianças subindo nessas armadilhas em frente às torres de água. Além disso, havia manilhas de concreto fantásticas que a molecada usava pra andar de *skate*. Eu via os skatistas andando nesses *pipes* onde as pessoas tinhas grafitado nomes de bandas e outras coisas.

A "Rust in Peace" é, em grande parte, sobre o impasse nuclear e a Guerra Fria. Na época, ainda estávamos na Guerra Fria. Muita gente que está crescendo hoje e curtindo Megadeth pela primeira vez não sabe o que era aquilo nem o quanto nos aproximamos de acabar com essa porra toda, então uma certa urgência da letra pode passar despercebida para eles. A "Polaris" é dedicada ao míssil propriamente dito, à ogiva, e é uma peça simples, não há quase nada nela. A letra é redundante, tem um andamento meio que pedante, para acompanhar o *riff* de guitarra, que foi configurado pra ser hipnótico. Toda a vez que essa parte volta ao *riff*, há a inserção de mais um pequeno fraseado. Lentamente, ao longo da composição, ela se transforma num complexo exercício de tocar guitarra e cantar ao mesmo tempo.

Essas combinações de duas músicas tinham se tornado uma marca registrada do Megadeth. Bem no início, fizemos "Killing Is My Business... And Business Is Good", e as pessoas adoraram aquilo. No disco seguinte, compus "Peace Sells... But Who's Buying?", e no posterior "So Far, So Good... So What!". Estava funcionando pra nós.

- DOZE -
O RETORNO

DAVID ELLEFSON: Nos preparativos para o lançamento do *Rust in Peace*, o nosso empresário, Ron Laffitte, ficou fazendo o meio de campo nos bastidores – agilizava o *networking* e reposicionava o Megadeth estrategicamente dentro da Capitol Records e também na EMI, em todos os lugares fora da América do Norte. O Slayer tinha contratado um empresário novo, o Rick Sales, e o Ron e o Rick estavam esboçando uma turnê conjunta do Slayer e do Megadeth, o que não era nenhuma novidade pra nós. Tínhamos tocado com o Slayer na época do L'Amour's, um clube pequeno no Brooklyn, em 1985. Temos história. Estávamos ensaiando no Power Plant – sempre mantivemos um esquema de ensaio o tempo todo – quando falaram com a gente sobre uma turnê para o segundo semestre, por volta de setembro de 1990, previsão de lançamento do disco, e que queriam chamá-la "Clash of the Titans".

    O Dave mesmo é que deve ter inventado esse nome. Era fácil de usar. Não tivemos nenhum problema de direitos autorais por causa do filme[33]. Reunimos um *cast* excelente: Slayer e Megadeth como

---

33 Ele está se referindo ao filme norte-americano *Clash of the Titans*, de 1981, que foi lançado no Brasil com o título *Fúria de titãs*. (N. do T.)

co-*headliners*; Testament, que também tinha disco novo, o *Souls of Black*; e o Suicidal Tendencies, que estava de formação nova e havia acabado de lançar o *Lights, Camera, Revolution!*, um disco mais *punk metal*, diferente do *punk* estilo Venice Beach deles. Essa turnê passaria em grande parte por arenas e casas grandes pela Europa durante setembro e outubro.

Ciente de que aquilo tudo estava sendo providenciado, o Ron mandou o Dave e eu fazermos uma turnê de divulgação na Europa. A primeira parada foi em Colônia, na Alemanha, e o Michael Schenker estava ficando no nosso hotel. Eu tinha chegado a conhecer um pouco o Michael mais no início daquele ano, porque estávamos frequentando o mesmo grupo de sobriedade. Ele é um sujeito maravilhoso, muito agradável, e o Dave e eu éramos muito fãs. A porta do elevador abriu, e lá estava o Michael. Eu o apresentei ao Dave. Foi um daqueles momentos em que me tornei uma espécie de embaixador *de facto* do Megadeth. O Dave era a celebridade resguardada, eu era o cara mais gente boa – o rapaz da fazenda de Minnesota. Essa era a nossa dinâmica às vezes.

DAVE MUSTAINE: Quando o David Ellefson e eu fomos pra Europa e começamos a fazer as coletivas de imprensa, ficamos muito impressionados. As pessoas estavam abismadas, quase tanto quanto eu estava, secretamente, por dentro. Eu nunca tinha sentido aquele tipo de entusiasmo da imprensa, nunca tinha visto aquele tipo de empolgação pela música – era como uma droga. Era simplesmente inebriante.

DAVID ELLEFSON: Estávamos sozinhos. Em toda a cidade ou o país, havia um relações públicas local da EMI que se encontrava com a gente e nos levava aos lugares. No Reino Unido, foi a Val Janes, uma espécie de mãezona. Ela havia trabalhado com o Iron Maiden e tinha um currículo excelente. Com a Val o papo era reto e ela não tinha problema em nos contar a verdade e ir direto ao ponto.

O RETORNO

DAVE MUSTAINE: O relações públicas local da EMI era diferente em cada país. No Reino Unido, a Val Janes não era tanto uma agente publicitária lá, era uma empresária europeia. O Ron Laffitte estava empresariando a banda, mas ele não tinha experiência suficiente na cena europeia, então contratamos a Val pra gerenciar a banda na Europa. Isso foi ótimo quando fomos para lá.

DAVID ELLEFSON: A viagem à Itália foi boa, o Dave e eu até fomos à torre inclinada de Pisa e à catedral de Milão. As turnês de promoção são uma beleza, porque as viagens são fáceis, confortáveis, de primeira classe ou classe executiva, com jantares sofisticados pagos pela gravadora toda noite. A gente fica sentado lá o dia todo basicamente falando sobre nós, sobre a banda e o disco, toma café e luta com o *jet lag*. O Dave e eu estávamos sóbrios, vendo a Europa pela primeira vez com a vista sóbria e limpa, não como na última vez em que tínhamos ido tocar no Castle Donington.

Era a primeira viagem minha e do Dave sozinhos, ficando em quartos de hotel sem atacar o frigobar. Na verdade, o Ron organizou um esquema para que retirassem todo o álcool do frigobar nos quartos de hotel antes da nossa chegada, pra evitar a tentação. Ele estava fazendo um treinamento com o Tim Collins, empresário do Aerosmith, para aprender as manobras que ele tinha usado para que aqueles caras chegassem à sobriedade, se mantivessem sóbrios e fizessem turnês sóbrios. E, é claro, o Dave e eu tínhamos nosso conselheiro, o John Bocanegra, lá em Los Angeles, a quem ligávamos de vez em quando pra prestar contas.

DAVE MUSTAINE: Estávamos indo a reuniões europeias do AA, e elas eram meio divertidas, mas foi difícil. A gente fazia o *check-in* no hotel e às vezes o frigobar do quarto não tinha merda nenhuma. Isso era difícil, porque estávamos na Europa, longe de casa, e lá estava a fissura. O problema não é ficar chapado nem estar chapado; é a fissura.

RUST IN PEACE

DAVID ELLEFSON: Durante essa viagem, vimos a arte final do álbum *Rust in Peace* e eu surtei, porque a informação nela era de que todas as músicas tinham sido compostas pelo Dave Mustaine. Fiquei chocado, pois eu tinha composto músicas para o disco. Também fiquei surpreso pelos créditos de coprodução: "Produzido por Mike Clink e Dave Mustaine", mas eu tinha ficado mais no estúdio do que o Dave.

O Ron Laffitte foi defender meus interesses com o Dave e nós acabamos amenizando a controvérsia. Eu precisava aprender a lidar com os meus sentimentos na sobriedade, a confrontar meus problemas e lidar com eles. Nessas horas, no meu relacionamento com o Dave, quando havia confrontos por dinheiro e direitos autorais entre mim e ele, a situação era sempre muito desagradável. Ter o Bocanegra como conselheiro ajudava. Às vezes, ele armava uma reunião para que sentássemos e discutíssemos os problemas, com ele de mediador. O Bocanegra ajudava a gente a se abrir um com o outro, ciente de que aquilo podia conduzir a algum tipo de resolução, ao contrário do que aconteceria com dois caras putos um com o outro.

MARTY FRIEDMAN: As músicas no Megadeth eram compostas quase sempre da seguinte maneira: o Dave tinha um *riff* e o tocava pra mim, pro Junior e pro Nick. Nós éramos a banda de apoio dele naquele *riff* e, enquanto o Dave estava trabalhando nos *riffs*, ele tinha o luxo de nos ter pra tocar com ele e acrescentar qualquer coisa. Nada daquilo era composto por ele sozinho. Ele não chegava com um *riff*, um arranjo e falava *toma aí, aprende isso e vai gravar*. Era tudo criado por nós quatro dando vida às ideias dele.

DAVE MUSTAINE: Dá pra ver claramente por que a banda começou a se fragmentar. Todo mundo estava competindo por direito autoral. A "Rust in Peace... Polaris" foi composta quando eu estava no Panic, assim como a "N2RHQ," que, com a mudança de duas palavras e um título novo, se tornou a "Hangar 18"; mesmo assim, os caras estão convencidos de que compuseram essas músicas. As *demos* estavam prontas; as músicas, compostas. A pior parte pra eles é a prova de que sozinhos eles conquistaram pouquíssima coisa.

MARTY FRIEDMAN: Não sermos creditados como compositores por aquilo, eu acreditava na época, foi injusto porque uma pessoa ser considerada a única compositora de uma música implica que ela a criou, ela compôs tudo e as pessoas tocaram e gravaram do jeito que ela a compôs. Mas não foi esse o caso. Ele teve o luxo de escutar aqueles *riffs* nascerem diante dele, de serem transformados, trabalhados e arranjados com nós três ao lado dele o tempo todo.

DAVE MUSTAINE: Hã-hã.

MARTY FRIEDMAN: Mas era uma felicidade pra mim estar ali, e eu não ia ficar criando problema. Eu não tinha absolutamente nada a ver com a fundação do Megadeth, com os três primeiros discos, com todo o trabalho deles até então, com o que investiram, com tudo aquilo que fizeram pra chegar aonde estavam. De certa maneira, eu estava colhendo os benefícios daquilo sem contribuir, então eu achava que essa era a solução intermediária. Ou seja, eu estava feliz em trabalhar com o Dave compondo aqueles *riffs* e não receber os créditos por eles. Mas à medida que a composição das músicas progredia, eu me sentia uma parte maior do processo do que aquilo que está escrito nos créditos.

DAVE MUSTAINE: Poucos capítulos atrás, o Marty estava me enchendo de elogios por eu já ter as músicas todas prontas quando ele chegou. Aquelas músicas foram compostas ao longo do tempo, algumas são da época em que eu tocava no Panic. Se você escutar os relançamentos, verá que há *demos* do Chris Poland tocando comigo e com a banda. O Marty, na verdade, fez solos de guitarra muito similares aos que eu pedi ao Chris Poland para fazer.

Inseri aquelas *demos* nos relançamentos pra dar ao Chris algum crédito, mas ele acabou me processando, e essa porta foi fechada a pregos depois dessa sacanagem.

A banda tinha uma ideia idiota de que se eu estivesse trabalhando em um *riff* e eles se encontrassem na mesma sala que eu, tinham direito a ser creditados como compositores. Isso começou com o Nick. Ele falou que tinha direito a ser creditado como compositor de qualquer música que eu tocasse se ele estivesse no mesmo cômodo, o cara não precisava sequer estar na bateria. Isso é loucura. Se fosse uma questão de estar no mesmo cômodo, eles também deviam mandar um cheque para as pessoas na televisão que eu tinha na sala.

DAVID ELLEFSON: Voltamos da Europa e fomos direto começar os ensaios e nos preparar para as apresentações ao vivo do disco.

DAVE MUSTAINE: O Marty tinha que aprender as músicas antigas. Depois que o Marty entrou no Megadeth, voltamos a ter aquela *vibe* de banda de novo. O Chuck e o Jeff eram caras muitos legais e ótimos músicos, mas nunca sentimos que éramos uma banda. Não chegamos ao ponto de deixar um beber a cerveja do outro. Mas com o Nick e o Marty, tinha uma coisa mágica quando saíamos com aqueles caras. Era algo muito empolgante. Estávamos começando a nos sentir uma banda, e isso já vinha transparecendo. Quando íamos aos lugares e nós quatro aparecíamos juntos, a atenção não era no Dave Mustaine e no David Ellefson e em outros dois caras. Antes éramos os Daves. Passamos a ser uma banda.

DAVID ELLEFSON: Foi mais ou menos nessa época que recebemos a notícia de que, no nosso retorno aos EUA, sairíamos em turnê abrindo

O RETORNO

para o Judas Priest na turnê do *Painkiller*, que foi um disco revolucionário pra banda. O Dave e o Rob Halford, vocalista do Judas Priest, iam fazer uma foto pra capa de uma revista japonesa. Fomos encontrar o Rob no Studio Instrument Rentals, na Sunset, em Hollywood, onde o Priest estava gravando o vídeo da "Painkiller" – e encontrar o Rob foi um momento importantíssimo, porque eu era fã demais do Judas Priest. O disco *Unleashed in the East* foi definitivo, um divisor de águas na minha trajetória na direção do *heavy metal*. Depois do Boston, do Kiss, do Van Halen e de muito *rock* americano, quando escutei o *Unleashed in the East*, finalmente descobri o que era o verdadeiro *heavy metal*. Como grande fã, foi legal conhecê-lo e começar o relacionamento entre nós como bandas que fariam turnê juntas.

DAVE MUSTAINE: Quando o vi, fiquei muito impressionado porque o moleque em mim pensou: "É o Rob Halford". Adorei ver o Glenn Tipton por causa do guitarrista em mim, mas, como fã de Judas Priest, conhecer o Rob Halford, esse, sim, era o negócio. Tive que ir a outro lugar fazer a sessão de fotos com ele. Eu estava com uma camisa de *kickboxing*, e ele, com um sobretudo de couro com arruelas cromadas até embaixo – tão *metal*. O Priest foi uma das primeiras bandas de *metal* de verdade que escutei. Inclusive, eu estava escutando o disco *Sad Wings of Destiny* em Diamond Bar, na Califórnia, quando morei com a minha irmã e o marido dela, que era chefe de polícia em Stanton, e o cara entrou no meu quarto e me deu um tapa na cara. Ele escutou o Halford e pirou. Então era interessante conhecer o cara responsável por eu ter levado um tapa na cara.

DAVID ELLEFSON: Durante a nossa preparação para a turnê, também filmamos o vídeo de "Holy Wars" em um hangar no Aeroporto Van Nuys. A gente estava sem camisa no vídeo, mas não para parecer um bando de garanhões, e sim porque o lugar estava fervendo naquele dia de verão e suávamos muito. Eu frequentava academia, mas quando fiquei sóbrio cheguei a pesar uns oitenta e cinco quilos e acumulei muito sobrepeso. Eu vinha trabalhando muito, treinando três ou quatro dias na semana, indo à academia, comendo bem e tentando perder peso, mas ainda estava um pouco cheinho no vídeo, então eles esticaram o filme para parecer que eu estava mais magro. Contaram que tinham feito isso com a Ann Wilson em um vídeo famoso na época.

DAVE MUSTAINE: Queríamos fazer o vídeo em um hangar antigo, entrar lá, arrebentar no palco e tocar rodeados por jaulas, correntes e coisas de *metal*. Quando terminamos o primeiro *take*, a minha camisa estava totalmente arruinada. A menina do figurino não conseguiu secar a camisa a tempo do segundo *take*. Eu estava em forma porque vinha praticando *kickboxing* com o Benny "The Jet". Eu não tinha pneuzinhos. Perguntei aos caras o que eles achavam. O David Ellefson falou que por ele tudo bem. Ele estava ótimo. O Marty me matou. "Você está com tudo em cima, papai", disse ele.

DAVID ELLEFSON: Antes de irmos pra Europa, depois de filmarmos o vídeo de "Holy Wars", fizemos cinco shows de aquecimento pelo Sul da Califórnia. Eles aconteceram em clubes, teatros e lugares pequenos onde pudemos entrosar a banda, definir o *set list*, ajustar a equipe e botar a máquina pra funcionar. E eles foram ótimos. Tenho amigos que até hoje falam daqueles shows. Estávamos meticulosos com tudo, passávamos todos os detalhes das músicas e das apresentações. Havia muita empolgação, porque criávamos algo novo e as possibilidades pareciam infinitas, pois estávamos sóbrios, tínhamos um bom empresário, éramos um grupo muito coeso. Quatro irmãos que realmente pensavam da mesma forma. Havia transparência total na vida de todos. Não era o show de um homem só. Não era o Dave e três caras o acompanhando. Éramos uma banda com quatro integrantes.

O RETORNO

MARTY FRIEDMAN: Os shows foram ótimos. A banda estava pegando fogo e o público também. Nunca tinha feito nada parecido. Eu tinha participado de muitas bandas e feito muitos shows, e shows grandes também, mas nunca tinha visto uma reação positiva tão violenta a nenhum show que eu já tinha feito. Já tinha feito shows bons e shows ótimos, mas aqueles shows de aquecimento na Califórnia foram um negócio diferente. O público era ensurdecedor. A galera ficava completamente pirada. Tudo o que a gente fazia gerava uma reação explosiva, e percebi que aquilo ali era uma banda. Era assim que devia ser. Meus ouvidos ficavam zumbindo depois dos shows. Provamos que aquelas quatro pessoas tinham uma química. Estávamos armados e prontos pra batalha. A sensação era de que não havia nenhum elo fraco na corrente; era tudo completamente natural. Saíamos, tocávamos e não havia necessidade de consertar nada. Tudo funcionava. O que faríamos em seguida? A química era boa.

DAVE MUSTAINE: Aquilo foi magnífico. Finalmente, tocamos juntos em público e tudo transcorreu como um sonho. Sabíamos instintivamente onde cada um estaria no palco. Antecipávamos uns aos outros como que por telepatia. Erámos como jogadores de *hockey* prevendo a posição uns dos outros. Se um de nós se inclinava pra trás, outro cara estava ali. Se um corria pro microfone, o outro estava do lado fazendo o *backing vocal*. Éramos como pássaros em formação. Aquela foi a última vez que a banda teve uma química verdadeira. Com todas as formações que vieram depois, o David Ellefson ficava cada vez mais amargurado e tornou-se óbvio que havia algo muito ruim no horizonte.

- TREZE -
O *RUST* NA ESTRADA

DAVID ELLEFSON: Quando fomos pra Europa começar a turnê *Clash of the Titans*, várias coisas importantes estavam diferentes. Uma delas era que tínhamos reduzido o palco e o deixado mais *clean*. Todos os amplificadores ficavam atrás de telas de tecido que tínhamos feito. Com o *backdrop* gigantesco da capa do *Rust in Peace*, o palco parecia muito grande. Cientes de que tocaríamos nas maiores arenas da Europa e voltaríamos aos EUA pra turnê com o Judas Priest, criamos um palco econômico, fácil de transportar, mas que era visualmente imenso. O Dave e o Marty passaram a usar pedaleiras da Bradshaw no palco. Eles mesmos controlavam os efeitos e os solos com o equipamento que tinham. O Megadeth sempre foi *high-tech* e teve tecnologia avançada para uma banda de *metal*. Diferentemente da era *grunge* que viria depois de nós, cuja base era aparelhagem da Electro-Harmonix, equipamento externo, aquele monte de pedais e coisas assim, a gente se posicionava como uma banda preocupada com a *performance*, e essa tecnologia meio mecânica era carta fora do baralho. Dar essa aperfeiçoada no palco e no visual da banda foi uma manobra intencional.

Durante a turnê, obviamente, mantivemos a sobriedade obrigatória. Continuaram a limpar os frigobares dos hotéis antes da nossa

RUST IN PEACE

chegada e tal, mas também malhávamos muito, principalmente o Dave e eu. O Nick já estava em forma. O Marty era naturalmente magrelo. Mas o Dave e eu estávamos muito dedicados à rotina *fitness* e comparecíamos a reuniões do programa dos doze passos enquanto viajávamos.

DAVE MUSTAINE: A turnê *Clash of the Titans* foi divertida e um grande sucesso, mas tivemos uns problemas no início. Estávamos em Los Angeles e íamos fazer uma sessão de fotos para a *Rolling Stone*, que estava considerando nos colocar na capa. Era para ser eu; o Tom Araya, do Slayer; o Chuck Billy, do Testament; e o Mike Muir, do Suicidal Tendencies. Seria um pôster de duas páginas ou a capa. O Mike Muir decidiu não aparecer, e eu fiquei roxo de raiva porque sabia que a foto para o pôster de duas páginas não ia mais rolar. Comentei algo sobre isso na imprensa e ele não gostou, mas não dei a mínima. Começamos a falar um do outro na imprensa e aquilo me deixou triste porque eu curtia o Suicidal Tendencies. Ele falou a um jornalista na Europa que eu até podia lutar *kickboxing*, mas ele era um cara de gangue e as pessoas pagariam mais pra ver a gente lutando do que tocando.

Um dos meus *senseis* estava comigo na turnê pra me ajudar a continuar o treinamento porque eu ia tentar a faixa preta em *ukidokan*. Liguei pro meu principal *sensei*, o Benny "The Jet" Urquidez, e perguntei a ele o que eu devia fazer. Ele falou: "Procure o cara, Dave, e seja direto, encare o sujeito com cara feia e fale pra ele que isso não é bom pros negócios e que, se ele quiser, vocês podem resolver isso, quando voltarem para os EUA, no Jet Center", o nosso *dojo* e centro de *kickboxing*. Procurei o Muir no *backstage*. Respirei fundo, cheguei perto dele e falei aquilo. O Mike levantou o rosto e me encarou. Pensei: "Ah, não, é agora". Mas ele me pegou de surpresa. "Quer saber, Mustaine?", falou ele. "Tenho muito respeito por você porque está tentando viver sóbrio." Ele me falou de um amigo com problemas com drogas e que me respeitava por eu ter ido tirar satisfação com ele. E eu pensei: "Nossa, graças a Deus". Viramos amigos.

O *RUST* NA ESTRADA

MARTY FRIEDMAN: Eu imaginei que fazer turnê na Europa ia ser demais porque ia ter muitas gatas em todos os lugares, mas a única mulher que peguei foi no avião indo para aquela turnê, não rolou nada durante a turnê. No voo de L.A. para Londres, tinha uma mulher maravilhosa da Turquia e rolaram umas coisas no avião. Mas quando chegamos à Europa para a turnê *Clash of the Titans*, o público era 99,9% de caras e não rolou nenhuma devassidão de *rock star*. Aquilo foi meio decepcionante, afinal as minhas expectativas já estavam altas.

Os shows eram fantásticos. O *lineup* era ótimo, todas as bandas estavam em um período importante na carreira, e aquilo tudo era novo pra mim porque, embora eu já tivesse tocado em muitas bandas, nunca tinha saído em turnê com um monte de superbandas, ainda mais sendo de uma das superbandas. Tive que aprender a me comportar de um jeito diferente. Eu tinha que me habituar a ser mais reservado, o que era novo pra mim. A gente tinha que se comportar de forma condizente com a imagem da banda. Todas as bandas eram ótimas e não havia bem uma competição, mas todo mundo estava tentando ser a banda mais foda. Achávamos que éramos nós, mas, às vezes, eu saía, assistia ao Slayer e ficava admirado. O Slayer tinha uma magia demoníaca e enchia o lugar com aquele som maligno maravilhoso que eu queria que tivéssemos um pouquinho mais, e isso talvez os tornasse levemente mais cativantes do que nós em algumas noites. Mas em outras noites nós estávamos simplesmente pegando fogo e não interessava o quanto eles fossem ameaçadores, isso não importava porque a nossa banda estava a milhão.

DAVE MUSTAINE: Num show, passei por baixo de uma cortina e subi a escada para o palco e meti a cara em um suporte de iluminação. A imprensa europeia decidiu que o Chuck Billy, do Testament, devia ter me dado um murro. Havia um monte de boatos sobre todos nós querermos brigar, mas eu tinha dado de cara no suporte de iluminação. Fiquei com um pedaço de carne pendurado no nariz, perto dos olhos, do tamanho de uma borracha de lápis, então eu peguei um pouco de Nu Skin, coloquei na carne e a enfiei de novo no buraco entre os olhos. Aquilo queimou pra caralho. Ninguém percebia o que tinha acontecido, a não ser quando eu ficava queimado de sol, porque aparecia uma mancha vermelha. Eu não ficava parecido com uma mulher hindu nem nada assim, mas, no início, costumava ser sensível ao sol. Todo mundo ficou falando: "O Chuck Billy deve ter batido nele". Ah tá. Eu era muito estabanado. Só isso.

DAVID ELLEFSON: O último show na Europa foi na Wembley Arena, em Londres, um fechamento e tanto. Era ótimo tocar em lugares lendários. O primeiro show da nossa carreira em Londres foi na turnê do *Peace Sells*, no Hammersmith Odeon. O nosso último show na Inglaterra tinha sido no Castle Donington. Na turnê *Clash of the Titans*, tínhamos tocado no NEC, em Birmingham, na noite anterior ao show em Wembley, então fizemos shows grandes. O Dave convidou o vocalista Sean Harris, do Diamond Head, pra cantar uma música. Ele cantou "It's Electric" com a gente no bis, antes de fecharmos com "Anarchy in the UK", do Sex Pistols. Pegamos um voo de volta pra casa e, poucos dias depois, seguimos pro Canadá, pra começar a turnê do *Painkiller* com o Judas Priest.

A *Painkiller Tour* começou no lado leste do Canadá, atravessou o país inteiro, foram uns cinco ou seis shows pelo menos, depois desceu pra Seattle. Tocamos em Vancouver, no Halloween. A turnê terminou logo antes do Natal. Voltamos a fazer shows com o Judas Priest numa espécie de terceira parte da turnê, durante três semanas, pela Costa Leste, em janeiro de 1991, quando tocamos em lugares como Poughkeepsie, em Nova York, esse tipo de coisa. Mas foi bom.

DAVE MUSTAINE: Ao longo da turnê, fomos nos aproximando dos caras do Judas Priest. Nas viagens, nós arrecadávamos comida – distribuíamos uns cem passes pro *backstage* toda noite para os fãs que dessem cinco quilos em alimentos não perecíveis adequados para o consumo humano. Eles podiam levar cinco quilos de ervilha e ganhar um passe para ir ao *backstage* encontrar os músicos. Estávamos fazendo o primeiro evento desses, quando o Halford se aproximou de mim e me deu um chaveiro do Bart Simpson. Ele me ouviu falar que curtia *Os Simpsons* e me deu aquele presentinho na frente de todo mundo. Nessa época, *Os Simpsons* ainda eram parte do *Tracey Ullman Show* e não uma série independente. No dia seguinte, cheguei ao local do show e havia meias do Bart Simpson no meu camarim. No outro dia, um pôster do Bart Simpson na porta. No próximo, um telefone do Bart, e eu falei pro Rob parar com aquilo – não preciso desse monte de porcaria do Bart, as pessoas vão começar a comentar. Foi uma turnê legal.

DAVID ELLEFSON: A gente se deu bem. Fiquei muito amigo do K. K. Downing, guitarrista do Priest. O Rob Halford dava presentes pro Dave diariamente e todo mundo sabia que o Rob era gay. Ele descobriu que o Dave gostava do Bart Simpson, então todo dia lhe dava um presente do Bart Simpson, um telefone, uma meia. Era engraçado o quanto o Dave ficava sem graça. Tenho certeza de que, pro Rob, sendo o cara maravilhoso que é, aquilo era só um gesto de amizade. Mas era bem divertido.

MARTY FRIEDMAN: Todo fã de *metal* ama o Priest e estar em turnê com eles era literalmente um sonho se tornando realidade, ainda mais nos shows de um dos melhores discos deles. Eles eram muito amistosos, ficavam com a gente, assistiam ao nosso show do palco. Diferentemente da Europa, tinha gatas pra todo o lado e a gente era tipo o Mötley Crüe ou coisa parecida. Pra mim, isso é uma parte muito importante de se estar numa banda, e não deixe ninguém te convencer do contrário. Principalmente quando se está sentindo o gostinho dos primeiros shows grandes. A gente só tocava em arenas e ficava em hotéis internacionais tipo Hyatts e Four Seasons e a experiência fora do palco foi muito melhor do que a da *Clash*

RUST IN PEACE

of the Titans na Europa. No palco, estávamos nos tornando uma banda cada vez mais azeitada. O nosso *set list* era mais curto porque éramos a banda de abertura, tocávamos uma hora, no máximo. A turnê foi um sucesso total e nos levou a lugares distantes dos EUA aos quais jamais tínhamos ido. Todo mundo estava adorando o Priest – o retorno da banda foi um sucesso enorme – e o Megadeth tinha um disco novo excelente, o *Rust in Peace*. Os shows eram muito bons mesmo, a banda estava coesa, éramos uma verdadeira máquina assassina.

DAVE MUSTAINE: A nossa primeira resenha quatro estrelas foi na *Rolling Stone*, e, inclusive, o jornalista Robert Palmer caiu na estrada com a gente durante um tempo. O cara tocava flauta a noite inteira, ele sentava na frente do ônibus e tocava a flauta dele enquanto a gente tentava dormir no fundo.

DAVID ELLEFSON: Éramos presença constante no *MTV Headbangers Ball*. A imprensa musical da Europa estava dando muita atenção a nós. "O novo e sóbrio Megadeth" gerava manchetes. Revelamos aquilo com sinceridade e colocamos a notícia pra circular. "Estamos numa fase nova, somos um novo Megadeth, uma nova banda, com um disco novo, uma formação nova e a gente está fervendo, pronto para derreter a sua cara."

A banda estava maravilhosa. Era a primeira vez que pensávamos como irmãos e tínhamos aparência de irmãos, de banda mesmo. A música que escutávamos era similar. O Marty tinha uma teoria de que ou a pessoa curte Zeppelin e Aerosmith ou curte Kiss e Sabbath; o Dave e o Nick eram mais Zeppelin/Aerosmith e eu e o Marty, mais Kiss/Sabbath. Foi um período especialmente bom pra nós. Éramos um grupo de caras bonitos na banda, saudáveis e em boa forma, ainda mais para uma banda de *heavy metal*. Com os nossos vídeos na MTV, as garotas apareceram. Elas iam aos nossos shows, o que levava a muitas outras atividades extracurriculares.

O *RUST* NA ESTRADA

Depois que fiquei sóbrio, vi que minha vida financeira estava de cabeça pra baixo. Eu não tinha pagado impostos, porque usava tudo pra comprar drogas. Devia mais de setenta mil dólares à Receita Federal, o que parecia sete milhões de dólares pra mim. O nosso novo gerente financeiro fez um acordo pra que parte dos meus ganhos semanais fossem destinados a pagar essa dívida. Destruíram os meus cartões de crédito, porque eu tinha faturas vencidas. O Dave me emprestou cinco mil dólares de um cheque de *royalties* do Metallica pra me ajudar a cobrir algumas despesas. Eu devia cinco mil dólares ao empresário da época do *So Far, So Good... So What!*. Estava quebrado.

Fiz a turnê do *Rust in Peace* sem cartão de crédito. O salário da banda era de quinhentos dólares por semana, mais quinze dólares de diária na Europa, o que não compra muita coisa. Nós contratamos o técnico de guitarra do Marty Friedman, o Tony DeLeonardo, aquele que o acompanhou no dia do teste, e ele ganhava setecentos e cinquenta dólares por semana. A nossa equipe ganhava mais do que a banda. Mas as coisas estavam lentamente se ajeitando na minha vida.

DAVE MUSTAINE: Eu sentia que tínhamos alcançado não só o Anthrax e o Slayer, mas também o Metallica. E não apenas alcançado essas três bandas, provavelmente tínhamos ultrapassado algumas delas levando em consideração a posição hierárquica que ocupávamos no Big Four. Esse negócio era superimportante na época. Estávamos todos competindo por posição. Eu achava que aquele disco era extremamente importante pra nossa história e a nossa posição em relação às outras três bandas que compunham o Big Four.

DAVID ELLEFSON: Fizemos um clipe de "Hangar 18" porque precisávamos de outro *single*. A "Holy Wars" tinha tocado muito durante a *Clash of the Titans* na Europa e a turnê do Judas Priest. Estávamos fazendo turnê havia um tempo. A banda estava coesa. Nossa aparência era boa. O som estava ótimo. Fomos filmar no Water and Power Plant, em San Pedro. Foi um vídeo bem caro. Tinha próteses, atores, alienígenas, essas coisas todas. A cena final era de uma plataforma levando quatro tubos, um eco da capa do *Rust in Peace*, um para cada integrante da banda. Era para ficarmos de olhos abertos com lentes de contato, aparentando que estávamos mortos. Minha vista sempre foi boa. Nunca usei óculos e não consegui colocar as lentes de contato. A gente tentou diversas vezes, mas simplesmente não consegui colocar. Decidimos que todas as pessoas ficariam de olhos fechados. O Dave e o Nick ficaram de olhos abertos de lente de contato – o Nick usava lente na vida real – e o Marty e eu ficamos de olhos fechados.

DAVE MUSTAINE: O clipe de "Hangar 18" foi dirigido por um cara fantástico chamado Paul Boyington, que trabalhava com efeitos especiais. Ele era conhecido por desenvolver *sets* em miniatura. Ele criou um palco que devia ter uns seis metros de altura e o montou na beirada de um quadrado aberto no chão que tinha uns vinte metros por vinte metros, e talvez uns vinte e cinco metros de profundidade. Com a altura do palco, eu fiquei a uns trinta metros do chão. E ele ainda me colocou bem na beirada, o que me deixou muito nervoso. Se começasse a *banguear* e caísse de lá, eu estaria morto. Eles também me fizeram usar lentes de contato para a cena final, quando a banda toda é colocada em tanques criogênicos e dá pra ver os caras da banda miniaturizados sendo levados embora num trilho. Eles usaram maquiagem protética, o que devia ser meio cafona, alguma sobra de *Jornada nas estrelas*, mas ele foi produzido quando as gravadoras gastavam muita grana em vídeos: "Hangar 18" teve um orçamento de trezentos mil dólares.

MARTY FRIEDMAN: Filmamos "Hangar 18" duas vezes, porque aconteceu alguma coisa com o filme, a fita apagou ou alguma loucura assim. Era um vídeo comprido e eu não estava satisfeito em ter que fazer tudo pela segunda vez. Nunca fui muito fã da ideia de que vídeos para músicas fossem uma necessidade. Pra mim, o negócio era ir aos shows e fazer grandes apresentações. Na época, eu considerava aquilo um trabalho extra enorme. Ser uma banda de *rock* foda não era mais o suficiente, a gente tinha que ter o visual também.

DAVID ELLEFSON: Depois disso, fomos para o Rock in Rio II no Brasil, no final de janeiro de 1991. A atração principal foi o Guns N' Roses, que era absolutamente gigantesca. Três anos antes, no Castle Donington, eles eram uma banda vagabunda de Hollywood em ascensão, e ali estavam eles, três anos depois, uma espécie de Rolling Stones ou coisa assim. Nesse dia, também tocaram Judas Priest, Queensrÿche e a banda brasileira de *metal* Sepultura. A produção colocou um artista *pop* chamado Lobão ou algo assim pra tocar depois do Sepultura, antes da gente, e ele foi expulso do palco às vaias.

MARTY FRIEDMAN: A MTV nos deu tratamento de estrelas, ficamos num hotel de primeira e as festas na piscina eram ótimas, aquela atmosfera de festa mesmo, com um monte de bandas grandes. Tinha muita gente no show. Foi um daqueles públicos grandes a ponto de a gente não enxergar onde acabam as pessoas. Não dava pra ver a última fileira. Não dava pra ver onde o lugar acabava. Até onde dava pra ver, as pessoas estavam pirando.

DAVE MUSTAINE: Fui pra lá sóbrio e com a banda. Muitos caras do Guns N' Roses estavam ajudando no nosso show, um show grande pra caralho, umas cento e quarenta mil pessoas – era a primeira vez que fazíamos aquilo e foi bem assustador. Ficamos sabendo que duas pessoas tinham morrido antes de subirmos ao palco. Um morreu tentando botar um fã pra dentro escondido por uma cerca e foi baleado por um policial de folga. O problema foi que ele matou um bombeiro de folga que estava tentando botar alguém pra dentro escondido. A outra pessoa morreu porque caiu da arquibancada do estádio.

MARTY FRIEDMAN: Decidimos encaixar quantas músicas fossem possíveis no nosso show, então as tocamos com mais velocidade, o mais rápido que conseguíamos. Calculamos que, se acelerássemos um pouco o tempo das músicas, daria pra encaixar mais uma no *set list*. Era o espírito de uma banda de colégio e eu adorei. Eles eram caras com quem eu montaria uma banda no colégio, porque todos nós tínhamos o mesmo espírito. Falei: "Saquei, é claro, vamos fazer isso". Eu me lembro de tocar aquilo rápido pra cacete, mais rápido do que já era, o resultado foi um energia nervosa e aquilo foi perfeito.

- QUATORZE -
HAVAÍ

DAVID ELLEFSON: Depois do Rock in Rio, voltamos para os EUA e fizemos a nossa primeira apresentação ao vivo na TV, no *Arsenio Hall Show*, onde tocamos "Hangar 18" e foi legal. Era um programa de televisão que passava tarde da noite. Logo depois da apresentação, fomos direto pro aeroporto LAX, pegamos um voo pra Nova Zelândia e começamos uma turnê de três semanas que passou por lá, pela Austrália e pelo Japão. Foi a nossa primeira vez na Austrália, a propósito, e terminamos esse rolê com três shows num clube pequeno chamado Pink's Garage, em Honolulu.

DAVE MUSTAINE: A nossa ida ao *Arsenio Hall* foi legal porque ele entendeu a gente. Ele falou: "Essa banda explode a nossa cabeça". Ele era um cara negro descolado que tinha um programa de TV em Hollywood, então, ser endossado por ele, com certeza não era algo esperado. E foi ótimo ter o reconhecimento dele.

MARTY FRIEDMAN: Todo mundo sabia que eu era pirado pelo Japão e pelas mulheres japonesas, e fiquei enchendo os ouvidos dos caras durante toda a viagem até o Japão. O país era a última parte daquela turnê, e todo dia na Austrália as pessoas ficavam me enchendo o saco sobre o que ia acontecer no Japão. Eu já tinha tocado lá com a banda que tinha antes, e foi absolutamente insano, então eu sabia que ir com o Megadeth seria ainda mais insano. E foi. Foi fantástico de todas as formas possíveis. Os shows foram ótimos. No Japão, o público era metade de caras e metade de garotas. Então dá pra imaginar as atividades extracurriculares. Eu também me encontrei com ótimas amizades musicais que tinha feito na ida anterior ao país com a minha banda Cacophony. Fiz amizades novas com pessoas do mercado musical, jornalistas, fotógrafos, todo o tipo de gente. Foi uma turnê muito bem-sucedida ao Japão em todos os aspectos, musical, pessoal, tudo.

DAVID ELLEFSON: No Havaí, o Dave pediu a Pam em casamento e, dois dias depois, eles se casaram. Todos nós fomos à festa de casamento dele. O John Bocanegra foi o padrinho.

DAVE MUSTAINE: Antes de partirmos do Japão pro Havaí, umas das últimas coisas que fiz foi comprar um colar de pérolas foda em um bairro comercial que só a galera local conhecia, e quem me levou foi um cara da Toshiba EMI. Eu não conseguia tirá-la da cabeça. Quando pensava na Pam, eu tinha um sentimento que nunca havia sentido por nenhuma outra garota. Quando cheguei ao Havaí, pedi ao meu gerente financeiro pra comprar um diamante em formato de pérola – eu tinha ouvido a Pam falar de diamantes em formato de pérola – e levá-lo pra mim no Havaí. Convidei o meu empresário, a secretária dele, o meu padrinho, minhas três irmãs e o padrasto, a mãe e o irmão da Pam. Convidei o John Bocanegra para ser meu padrinho. Achei legal o meu padrinho ser um assaltante de banco. A Pam não sabia de nada disso.

HAVAÍ

PAM MUSTAINE: Ele terminou comigo antes de sair em turnê, e eu compreendi a psicologia daquilo. Eu entendi, mas sou uma pessoa de princípios: término significa término. Falei pra ele que me mudaria no final do mês e que nós dois seguiríamos em frente com a nossa vida. Ele ficou ligando durante aquele mês, mas eu não atendia o telefone. Eu deixei cair na caixa de mensagens até o último dia do mês. Certa vez ele ligou depois da meia-noite e eu o ouvi deixar uma mensagem gritando: "Cadê você, porra?". Eu atendi e respondi: "A gente terminou, lembra? Isso não é mais da sua conta". Ele falou: "Estou tentando falar com você há um tempão. Estou aqui em turnê e percebi que não consigo viver sem você. Quero te ver. Você me encontra no Havaí?".

Eu me encontrei com ele no Havaí. Não sabia o que estava acontecendo, mas nunca tinha ido ao Havaí, então pensei em ir lá conhecer. Quando ele chegou ao hotel e bateu na porta, eu tinha acabado de sair do banho e ainda estava molhada. "O que você vai fazer estes dias?", perguntou ele.

Comecei a ficar vermelha, um calor subiu pela minha perna e eu estava ficando furiosa. "Como assim, o que eu vou fazer estes dias? Você que me pediu pra vir aqui."

Eu estava começando a ficar com muito calor e ele me interrompeu depressa. "Quer se casar comigo?", perguntou ele.

DAVE MUSTAINE: Fui ao quarto de hotel em que estávamos ficando, ela tinha acabado de sair do banho e estava com uma toalha enrolada no corpo. Eu sabia que a aliança estava chegando, sabia que o gerente financeiro estava chegando, sabia que os pais, os familiares e todos estavam chegando, então perguntei: "O que você vai fazer na terça-feira?". Ela respondeu: "Vou ficar com você, que pergunta é essa?". Falei: "Você quer se casar?". Naquela hora, o jogo começou.

PAM MUSTAINE: Eu nem soube o que pensar. Foi como se tivessem tirado o chão dos meus pés. Eu tinha que entender o que era aquilo. Sabia que o amava – não queria amá-lo, mas amava. Não estava esperando aquilo de jeito nenhum. Nunca tinha pensado em me casar. Estava em um caminho totalmente diferente e nunca quis depender de ninguém, isso me dava um medo horroroso. Eu adestrava cavalo de tração frísio, e precisamos identificar aquilo o que vemos, senão podemos nos machucar de verdade. Então eu aprendi a observar os sinais, por isso sempre consegui enxergar qualquer coisa com a qual estou lidando. Adestrei cavalos a vida inteira, os cavalos me ensinaram a entender aquilo que estou observando. Se um cavalo não pensa bem, não interessa o tipo de talento que enxergamos nele nem aquilo que queremos tirar dele, não conseguiremos domá-lo. Mas o Dave é muito inteligente e tem um coração maravilhoso, ele é tão intuitivo em relação ao espírito humano – o Dave tinha tanta profundidade que é difícil colocar em palavras...

Se você sabe alguma coisa sobre a vida, tem consciência de que algumas coisas só acontecem uma vez. Eu soube na hora em que vi. Foi difícil negar, e, naquele "momento aha", respondi que sim. Tive dois dias pra achar um vestido. Tínhamos que casar no Havaí, porque ele ainda estava no meio do circuito de shows. Faríamos a recepção um mês depois, em casa, quando ele terminasse a turnê.

DAVE MUSTAINE: Quando quero alguma coisa, eu faço acontecer. Tínhamos que achar um padre, tínhamos que fazer uns exames de sangue e também tínhamos que achar um *smoking* e um vestido de noiva pra Pam. No Havaí, a maioria dos vestidos de casamento não eram nem do tamanho dela, nem tinham o formato do corpo dela. Não me entenda mal, há muita gente linda no Havaí, mas elas simplesmente tinham o formato do corpo diferente do da Pam. Acabei com um *smoking* prateado brilhante, e parecia que eu estava indo para uma boate *disco*, e não me casar. As minhas pernas pareciam dois chicletes Wrigley's gigantes.

O meu gerente financeiro foi do continente ao Havaí com a aliança. O meu padrinho apareceu. A minha despedida de solteiro foi em uma boate de *striptease*. Foi uma bosta. Eu estava sóbrio na

HAVAÍ

época, bebia cerveja sem álcool, mas, quando olhei o rótulo na garrafa, vi que ela continha 0,5% de álcool. Comecei a fazer as contas. Quantas destas tenho que beber para conseguir o efeito de uma cerveja. Calculei que, se bebesse 12, o teor seria o mesmo que o de uma cerveja, então tomar 24 seria igual a duas cervejas – isso devia me dar uma ondinha, mas eu ia precisar de um cateter pra facilitar as coisas pra mim.

Achamos um pastor. Agilizamos toda a documentação, o que foi mais complicado do que eu imaginava. A gente se casou num parque verde lindo na encosta do Punchbowl – também conhecido como Diamond Head – em Waikiki, na Oahu, aquele famoso vulcão da abertura da série *Havaí 5.0*.

PAM MUSTAINE: Nós nos casamos aos pés do Diamond Head. Ele levou para o Havaí as irmãs dele, a minha mãe e a minha avó de 90 e tantos anos, antes mesmo de me pedir em casamento. Ele organizou tudo aquilo. Até o gerente financeiro dele estava a caminho da ilha com *a aliança*. Eu não tinha a *menor ideia* de que aquilo estava acontecendo.

DAVE MUSTAINE: Quando chegou a hora de escolher o padrinho, todo mundo achou que seria o Ellefson ou até o Ron Laffitte, mas escolhi o John Bocanegra, porque ele era sinistrão. Estávamos sentados na praia sob o brilhante sol havaiano esperando a Pam, zoando com os caras, falando das minhas dúvidas de último minuto quando uma limusine branca estacionou e a Pam desceu. Nunca a tinha visto tão linda, era a pessoa mais linda que eu já tinha visto. O que me deixou estonteado enquanto a Pam caminhava pela grama havaiana foi que ela era tão escura que parecia azul. Além disso, todas as vezes que eu a tinha visto antes, ela era minha namorada ou noiva, mas naquele momento a estava enxergando pela primeira vez como minha esposa, e o que eu via era maravilhoso.

Recitamos os nossos votos, entramos no carro e voltamos pro hotel. Quando arrancamos, a primeira música que escutamos no rádio foi "The Living Years", do Mike and the Mechanics. Desde então, essa música sempre põe um sorriso no meu rosto quando a ouço.

PAM MUSTAINE: Ele queria que eu fosse com ele nas turnês, que fosse para a estrada com ele, ficasse com ele, mas eu tinha uma carreira e estava muito nervosa em abandoná-la, porque ela era a minha segurança, a minha vida. A minha mãe tinha me dito uma vez que na vida, às vezes, temos que escolher entre uma coisa que amamos e uma coisa que amamos ainda mais.

DAVE MUSTAINE E ANDY SOMERS
Eu e o meu primeiro agente de shows, Andy Somers. O Andy acreditava em nós e tem uma enorme participação no nosso sucesso.

BOB NALBANDIAN
O Bob tinha "muitos contatos" na cena de Los Angeles. Ele nos apresentou ao Marty e até hoje é um dos mais antigos e verdadeiros amigos da banda.

CHUCK BEHLER

O Chuck em turnê em algum lugar. Ele foi o mais *punk rock* de todos os nossos bateristas. Esta foto foi tirada logo depois de ele acordar e pouco antes da passagem de som. Ainda mantenho contato com ele, e a gente se encontra toda vez que vou a Detroit.

DAVE MUSTAINE, TONY LETTIERI E ROMMEL

O Tony foi meu guarda-costas naquela época. Este é o mundialmente famoso Rommel, o rottweiler que comprei para o Tony e que quase me fez perder o encontro com a minha maravilhosa Pam.

NICK MENZA
O Nick em cima do praticável de bateria e atrás do famoso kit Yamaha da época do *Rust in Peace*.

DAVE MUSTAINE – AO VIVO
No palco. Elevando a temperatura. Ótima forma física.
Pronto para enfrentar o mundo.

MEGADETH – PARAQUEDISMO

O Marty fez um acordo comigo: se algum dia ganhássemos um disco de ouro, ele pularia de paraquedas. Dá para perceber nesta foto que ele não está se divertindo.

MEGADETH – ARENA
Nós quatro em uma arena vazia depois de um dos shows da turnê *Clash of the Titans*.

DAVID ELLEFSON
O David Ellefson de zoeira no *backstage*, antes do show. Acho que isso tem alguma coisa a ver com o *rockumentário Isto é Spinal Tap* e a cena do "detector de metal".

DAVID ELLEFSON – AO VIVO

O David Ellefson está sempre animado, feliz e é o favorito dos fãs. É uma satisfação para mim ainda estarmos fazendo música juntos no Megadeth. Este aqui é o meu amigo: há quase 40 anos segurando o *groove*.

MARTY

O Marty detonando um solo, provavelmente em "Tornado of Souls".

MEGADETH
Nós com as jaquetas feitas para a época do *Rust in Peace*. Não tenho ideia do que aconteceu com a minha.

ROB HALFORD E DAVE MUSTAINE
O Rob e eu com as nossas motos em uma sessão de fotos no Arizona, num dia de folga.

O PALCO DO *RUST IN PEACE*
Tentamos usar acessórios de palco nos primeiros shows, mas foi só no disco *RIP*, quando providenciamos este cenário e este rack de bateria, que o nosso visual ficou tão bom quanto a gente tocando.

BALÕES DO *RIP*
O épico show de *réveillon* na Long Beach Arena.

FILMAGENS DO VÍDEO DE "HANGAR 18"
Tocando nas filmagens do vídeo de "Hangar 18" com alguns fãs embaixo. Preste atenção na barricada à nossa frente. Ela dava para um buraco enorme que tinha pelo menos uns 20 metros de profundidade.

PAM MUSTAINE
Pamela Anne Casselberry, antes de nos encontrarmos e eu a pedir em casamento. Depois que nos conhecemos, não demorou para nos casarmos e sossegarmos.

FESTA DE CASAMENTO DO MUSTAINE NO HAVAÍ
Da esquerda para a direita: Todd Casselberry; Ron Laffitte; David Ellefson; John Bocanegra; Dave Mustaine; Pam Mustaine; Julie Foley; Helen Mayhue; e Stephanie Hardy.

RANDY KERTZ
O Randy foi o supervisor do David Ellefson na época desse disco. Ele ainda é muito amigo da banda e hoje é um bem-sucedido médico na região de Detroit.

MARTY
Marty Friedman aquecendo antes do show. Ele fazia tocar guitarra parecer fácil.

DM AO VIVO

Mais uma foto do Gene Kirkland. Éramos um círculo impenetrável. Ou a pessoa estava dentro ou estava fora. O Gene viajava muito com a gente, estava dentro do círculo e é o que mais se aproxima daquilo que podemos chamar de "fotógrafo da banda".

MEGADETH – ENCERRAMENTO DE SHOW
Estes são os meus irmãos. Sempre teremos os nossos altos e baixos como os irmãos têm. Não há como negar aquilo que fizemos pela música e que os fãs fizeram por nós. "Vocês são ótimos, nós somos o Megadeth."

DAVID E DAVE
Os únicos sobreviventes. Continuamos seguindo em frente contra todas as adversidades, sempre, e foram muitas! Aguardem e vejam o VEM POR AÍ!

EM MEMÓRIA DE NICK MENZA (1964-2016)

Em memória do amado Nick Menza. Ele foi um homem bom, um músico extremamente talentoso, meu amigo e irmão. Foi uma honra compartilhar os palcos do mundo com você. Você me deixou feliz e me deixou furioso. Amamos, vivemos e tocamos *thrash* pelo planeta. Chorei quando você nos deixou aqui sobre a Terra. Sei que o encontrarei de novo um dia. Eu o amo e sinto sua falta.

– Dave Mustaine

- QUINZE -
EM CASA DE NOVO

MARTY FRIEDMAN: Ganhamos disco de ouro com o *Rust in Peace*. Depois, ganhamos disco de platina, mas, quando ganhamos o primeiro disco de ouro com ele, pensei: "Que loucura! Esse é o disco mais pesado e abrasivo da minha carreira e agora ganho disco de ouro? O que eu estava fazendo de errado até agora?". Achei que a ideia era ficar frouxo, tocar música comercial e vender discos, mas o Megadeth lança o álbum mais pesado da carreira, vende muito e ganha disco de ouro. Isso aconteceu, eu acho, por causa da honestidade. O disco era o que estávamos destinados a fazer. Era o que todos queríamos fazer. Por acaso, tivemos química. Todas essas coisas boas se reuniram para nós.

DAVID ELLEFSON: O *Rust in Peace* nos rendeu a primeira indicação a Melhor Performance de *Metal*. O evento de premiação foi durante a turnê, mas a indicação ao Grammy por si só já era um negócio importante. Era a nossa inclusão entre as bandas grandes. A indústria da música era um mercado muito importante na época. Artistas como Madonna, Michael Jackson, George Michael, Janet Jackson estavam vendendo milhões de discos, e a indústria fazia centenas de milhares de dólares. Parecia que estávamos prestes a surfar essa onda.

Dava pra sentir que o Metallica, nessa época, estava ficando gigante e, é claro, o Dave e o Metallica tinham uma treta psicológica desde que ele saiu da banda. Em meados do primeiro semestre daquele ano, entramos em estúdio para gravar "Go to Hell", a pedido da Interscope Records, que era uma gravadora bem nova na época e cujo presidente, Tom Whalley, tinha sido responsável pelo departamento de Artistas e Repertório quando fomos contratados pela Capitol Records, em 1986. Ele queria que gravássemos a música tema do filme novo do Bill e do Ted, que se chamaria *Bill and Ted Go to Hell*[34]. A gente compôs a música tema chamada "Go to Hell". É claro que depois de a entregarmos eles mudaram o nome do filme para *Bill and Ted's Bogus Journey*.

DAVE MUSTAINE: Essa música era para um filme que se chamaria *Go to Hell*, mas acabou sendo lançado como *Bill and Ted's Bogus Journey*, o que me deixou furioso. Estávamos no estúdio quando o produtor da trilha sonora, Tom Whalley, foi lá e nos pressionou pra que o som ficasse ainda mais pesado do que já estava. A música não mudou muito depois que ele pediu isso, mas o cara queria que eu fizesse uma letra muitíssimo sombria. Acrescentei coisas como "meu único amigo é um bode com 666 entre os chifres"[35]. E, quando terminamos a música e o pessoal mudou o nome do filme, virou um fardo ter que sempre ficar explicando – não queríamos que o nome da música fosse "Go to Hell", o nome do filme era "Go to Hell" e fizemos a música tema. Quando o filme saiu, foi meio ridículo o lugar em que colocaram a música e o quanto dela tocaram. Pra que se dar ao trabalho? Pra que sequer fazer aquilo?

---

34 O filme a que ele se refere foi lançado no Brasil com o título de *Bill & Ted: Dois loucos no tempo*.

35 *My only friend is a goat with 666 between his horns.*

EM CASA DE NOVO

DAVID ELLEFSON: Mas ficamos com a música e nela usamos uma pequena oração ("*Now I lay me down to sleep, I pray the Lord my soul to keep...*" / "Agora que vou me deitar para dormir, peço ao Senhor que cuide da minha alma..."). A minha esposa, a Julie, recitou a oração na nossa versão. De volta a Los Angeles durante um período curtíssimo no primeiro semestre de 1991, e sabendo que a música seria lançada como *single*, eu, de carro pela Rodovia 405, estava escutando a KNAC, a grande rádio de *heavy metal* e *rock* de Los Angeles. Eles tocaram a música nova do Metallica, do *Black Album*, "Enter Sandman", e ela tinha exatamente a mesma oração: "*Now I lay me down to sleep*, blá-blá-blá". Qual é a chance de uma merda dessas acontecer? O Dave e o Metallica. É óbvio que existia certa rivalidade, e de repente as duas bandas tinham músicas lançadas na mesma época, com a mesma oração. Isso sem dúvida jogou mais lenha na fogueira, ainda que involuntariamente, porém, não havia como escapar da ironia de que as duas bandas pensavam de maneira similar e eram quase idênticas no processamento de ideias. Éramos provavelmente as duas maiores bandas do gênero na época e não saíamos uma do caminho da outra.

O Metallica fez três shows no Forum, em Los Angeles. Eu dei uma olhada no público na arena e pensei: "São exatamente as mesmas pessoas que vão aos nossos shows. Por que há três vezes mais gente aqui pra ver o Metallica? Qual é o atrativo?" Dava para escutar, é óbvio, que eles tinham desacelerado os tempos e aprendido a compor músicas para o *mainstream*. Era nítido que estavam fazendo tudo de modo calculado. Durante aquele período, o Metallica não cometeu erros. Todos os passos que davam eram precisos e certeiros. O Marty e eu vivíamos conversando sobre como eles sempre acertavam na mosca e, como às vezes o Dave fazia comentários sobre o Metallica, o Marty disse que o grandão nunca fala do pequenininho, mas é fácil para o pequenininho jogar pedras no grandão. O Marty fazia essas observações inteligentes de vez em quando. Eu as anotava.

RUST IN PEACE

DAVE MUSTAINE: Uma das coisas mais legais pra mim era observar a banda ganhar cada vez mais propulsão. Saímos do estúdio com um disco que era diferente do que esperavam de nós depois do *So Far, So Good... So What!*. O disco novo, *Rust in Peace*, nos elevou. E a gente quase se sentia merecedor daquilo tudo. As pessoas sabiam que aquele era um Megadeth muito mais implacável do que o que tinham visto até então. Eu sentia que tocávamos melhor que todo o mundo. Eu não achava que cantava tão bem quanto um cara ou outro, mas com certeza acreditava que a nossa banda era a melhor das quatro. Quando o *Rust in Peace* saiu, nós meio que marcamos o mesmo território que o Metallica. Na turnê com o Slayer e o Anthrax, deu pra medir o quanto a nossa popularidade estava aumentando. Eu podia até achar que a minha banda era a melhor, mas o Slayer era um adversário formidável. Nos dias em que fechávamos a *Clash of the Titans*, éramos os reis do mundo. Na noite seguinte, quando éramos a banda de abertura, eu me sentia um camponês. A energia mudava no *backstage* e na frente do local do show a cada noite, dependendo de quem era a atração principal. Tínhamos três das quatro maiores bandas do estilo, então os lugares ficavam cheios.

PAM MUSTAINE: Eu nunca tinha visto o Dave tocar com a banda. Não sabia nada dessa parte da vida dele. Mesmo quando a gente namorava, ele não tocava *heavy metal* perto de mim, então eu não conhecia esse lado dele. Eu estava descobrindo quem era o homem além da música. Ele era muito inteligente, e isso me interessava assim como ele ser intrigante e gentil. A música dele não fez parte nem do início do nosso relacionamento. A gente se conheceu deixando de lado a música e aquilo que ele fazia. Na primeira vez que o vi tocar, aquilo não fez sentido pra mim, porque eu não sabia quem era aquele lá em cima. Ele estava tão diferente, *mas* ele é um homem maravilhoso com talentos incríveis, não apenas os que as pessoas veem, como a música. Ele também é um homem sensível, verdadeiramente talentoso e que possui uma enorme profundidade no coração. Jamais encontrei um homem com essa capacidade.

EM CASA DE NOVO

Depois do casamento no Havaí, fomos direto pra Europa. Eu nunca tinha ido pra estrada com ele. Não era o que eu imaginava. Os rapazes não ficavam loucos nem drogados – embora rolasse muito disso – e *eles não eram insanos*. Em vez de ser algo perigoso o tempo todo, como se pode imaginar, na verdade era um grupo sensível com muita gente legal. Depois disso, fiquei em turnê com ele. Abandonei a minha carreira, porque ele falou que queria que eu fosse com ele. Se minha mãe não tivesse me dito o que disse, eu provavelmente não teria ido, mas foi um passo importantíssimo pra mim, porque eu tinha um medo enorme de depender de alguém. Mas, depois que a gente se casou, todos esses medos desapareceram e ficamos juntos o tempo todo em turnê.

MARTY FRIEDMAN: Naquela época, éramos uma máquina azeitada e reluzente. Os shows eram sempre excelentes. Quando uma banda manda tão bem toda noite, não há muita coisa que se destaca, porque a gente sobe lá e executa o serviço. No Megadeth, o negócio era o seguinte: independentemente do que acontecesse fora do palco, na hora de tocar, a gente matava a pau. Adorávamos tocar juntos, tínhamos uma química ótima e cada um executava com perfeição a sua parte.

DAVID ELLEFSON: A banda de abertura dos nossos shows na Europa costumava sempre ser o The Almighty – tínhamos o mesmo agente –, mas no primeiro semestre de 1991 uma banda de que nunca tínhamos ouvido falar, o Alice in Chains, ia tocar com a gente. Chegamos ao local do show – o Volkshaus, em Zurique, na Suíça –, e o Marty e eu demos uma conferida na programação do dia, vimos o *lineup* e rachamos de rir do nome da banda, Alice in Chains[36]. Que nome mais idiota era aquele? Mas do camarim, mais tarde, dava para es-

---

36 Alice Acorrentada, em tradução livre. (NT)

cutá-los tocando no palco e o som era bem pesado. Subimos pra dar uma conferida e ficamos de cara! Pareciam lenhadores que saíram da floresta e subiram no palco, mas tinham uma *vibe*. Eles eram legais. Eram confiantes. E tinham um som novo.

Na mesma hora, ligamos pro Ron Laffitte e falamos que queríamos o Alice in Chains como banda de abertura na perna americana da *Clash of the Titans* no meio daquele ano. Nessa turnê, tínhamos três bandas principais – Megadeth, Slayer e Anthrax –, mas todo dia trocávamos a banda que fechava a noite, por isso precisávamos de uma banda de abertura. O Scott Ian adorava o Alice in Chains, então os caras do Slayer embarcaram no esquema, e eles se tornaram a banda de abertura naquela turnê.

- DEZESSEIS -
CLASH NOS EUA

DAVE MUSTAINE: A turnê *Clash of the Titans* atravessou os EUA no verão, e o público curtiu os shows com roupa de calor. Tocamos em muitos galpões e espaços ao ar livre, e todo mundo curtia de camiseta e *short*. As garotas iam de biquíni. Era uma festa total! As pessoas estavam se divertindo muito. As três últimas bandas sempre eram o Anthrax, o Megadeth e o Slayer. Toda noite a gente trocava a banda que fechava o evento, então, na primeira noite, era Anthrax, Megadeth e Slayer, na noite seguinte, Megadeth, Slayer e Anthrax. Na terceira noite, Slayer, Anthrax, Megadeth. O público nunca sabia quem ia fechar a noite (a não ser que tivessem descoberto a fórmula). Nós estávamos mandando muito bem, mas o Slayer nos forçava a manter o pé no acelerador. Deixávamos o barco correr, porque parecia que tudo o que fazíamos estava dando certo. O nosso sucesso aumentava a mil por hora.

DAVID ELLEFSON: Finalizamos a *Clash of the Titans* tocando nos Estados Unidos inteiro, e foi um negócio grandioso. Tocamos nas maiores arenas, nos maiores anfiteatros e estádios: Madison Square Garden, Starplex, em Dallas, só lugar grande. Dava pra sentir o frenesi que o

RUST IN PEACE

Rust in Peace estava gerando. Durante a *Clash of the Titans*, filmamos o vídeo de "Go to Hell" em Chicago, com os mesmos caras que fizeram o vídeo de "Holy Wars".

MARTY FRIEDMAN: A "Go to Hell" foi a primeira música do Megadeth em que meu nome entrou nos créditos como compositor. Estávamos nos dando muito bem, trabalhando de modo colaborativo e sentindo uns aos outros musicalmente, aproveitando melhor os pontos fortes de cada pessoa. O Megadeth é conhecido como a banda do Dave Mustaine, e o Dave é o Megadeth. Boa parte do som do Megadeth tem a marca dele, e o Dave foi inteligente em usar o que tinha no próprio arsenal pra construir o melhor Megadeth possível. Ele estava me dando mais liberdade do que o que se espera para um cara novo na banda – muita liberdade musical, muita responsabilidade musical – e me incentivava a fazer isso. "Go to Hell" era uma ótima música, mas o clipe ficou horrível. Eu tive muito tempo livre durante as filmagens em Chicago até chegar a minha vez de filmar, e eu tinha cultivado muitas coisas em Chicago, mesmo antes do Megadeth. Então consegui me divertir um pouco. Como banda, estávamos arrebentando. Foi uma época boa porque provamos que conseguíamos compor juntos, fazer música juntos e conviver – um período muito agradável e produtivo musicalmente.

DAVE MUSTAINE: Eu estava em Nova York quando o Ron Laffitte me ligou pra contar que o John Bocanegra tinha morrido. Ele foi fazer uma intervenção para ajudar um cara da Pérsia que estava tentando ficar sóbrio e achou uma parada de heroína persa – valia uns três mil dólares. A esposa nova do John, com quem ele tinha se casado no programa, alegou na mesma hora que ele tinha morrido de apneia do sono, mas ninguém acreditou nela. Você sabe o que dizem no AA quando se começa um relacionamento com alguém que entrou recentemente no programa: você pode até se dar bem, mas o risco é grande. Fui ao velório e a família estava toda brigando pra impedir a presença da esposa no funeral. De algum jeito, acabei me envolvendo naquela desgraça, e assim que o funeral acabou fui embora de lá. Quando o relatório do legista saiu, ele mostrou que havia dois furos no braço esquerdo do Bocanegra. Ele não tinha morrido de apneia do sono. Ele deu uma experimentada na parada persa, daí o buraco número um, depois deu mais um pico, daí o buraco número dois, e morreu. Esse foi o fim de John Bocanegra.

No livro *Alcoólicos Anônimos*, há uma parte sobre limitações. Quem tem limitações e acha que algum dia poderá beber como pessoas normais é como gente que perdeu as pernas. Nunca mais crescerão pernas novas. Os caras que acham que um dia poderão retomar de onde pararam vivem um delírio. Ouvi todo tipo de clichê – enquanto eu estava na reunião, a minha doença ficava no estacionamento fazendo flexão –, e, sim, isso é verdade, mas o Bocanegra se enganava o tempo todo. Estávamos no carro dele uma vez, e ele me falou pra pegar uma coisa debaixo do painel. Eu enfiei a mão lá e tinha uma porra de uma seringa. O cara tinha uma seringa debaixo do painel. Ele nunca falou: "Um dia vou conseguir usar de novo", mas ter a seringa significava que ele achava que um dia conseguiria. É isso que o livro *Alcoólicos Anônimos* quer dizer sobre limitações.

Foi uma decepção no mais verdadeiro sentido da palavra. Não que eu precisasse de um lembrete de que essa merda, como dizem nas reuniões, é astuciosa, desconcertante e poderosa. Graças a Deus, eu sigo bem...

DAVID ELLEFSON: Ao longo da turnê *Clash of the Titans*, eu sentia a maré mudando. O Queensrÿche estava fazendo sucesso com o disco *Empire*. O *Black Album* do Metallica estava prestes a sair. Ele fez o Metallica explodir. As bandas de *hair metal* estavam estagnando. Logo antes de começar a *Clash of the Titans* e depois de ficar empolgado com o Alice in Chains, as afinações baixas e tudo mais, ouvi o Nirvana no rádio e pensei: "Puta que pariu, que banda é essa?". Pode não ser legal caras do *heavy metal* ficarem elogiando o Nirvana, porque, no final das contas, o movimento *grunge* destruiu o *heavy metal* e o *thrash metal*, mas adorei aquilo. Tinha uma energia *punk rock* legal demais. Percebi que uma mudança se aproximava e que uma geração nova estava a caminho.

DAVE MUSTAINE: O Alice in Chains pulou fora da turnê *Clash of the Titans* porque o disco deles simplesmente explodiu. A música "Would", o primeiro *single* da banda, virou um *hit* que catapultou o grupo a um *status* além do de banda de abertura. Fiquei empolgado por eles, mas nunca é legal quando alguém abandona uma turnê, porque isso sempre gera dor de cabeça e gente preocupada.

DAVID ELLEFSON: O Alice in Chains tinha saído, o *Nevermind* do Nirvana tinha estourado, o *Ten* do Pearl Jam estava sendo lançado, e aquilo com certeza era uma nova onda. Durante a *Clash of the Titans*, nós compúnhamos músicas. Fazíamos músicas novas pro Megadeth todo dia. Sempre tínhamos amplificadores e uma pequena bateria no *backstage*, e todo dia, quando chegávamos ao local do show, em vez de ficar de bobeira com o pessoal do Anthrax e do Slayer, como uma equipe militar, íamos direto pro camarim e começávamos a compor músicas.

DAVE MUSTAINE: Esse é um hábito que tínhamos praticamente desde o início; sempre tocamos novas músicas na estrada, ou alguns pedaços de músicas, fazendo testes. No *backstage*, nós sempre estamos compondo e testando durante a passagem de som. Pra mim, é uma boa maneira de saber como as músicas são. Pode haver mágica dentro de um local quando você toca uma música.

CLASH NOS EUA

DAVID ELLEFSON: O Dave me pediu pra escrever a letra de "Foreclosure of a Dream[37]". Estávamos no *backstage*, na turnê do Judas Priest, em St. Paul, Minnesota, quando o Dave pegou a guitarra e criou o *riff*, o que eu achei irônico. O título surgiu na viagem de 1986, em que levei o Dave à fazenda em que cresci. Depois que gravamos o *Peace Sells*, fomos a Nova York pra assinar com uma gravadora grande, a crise agrícola estava no auge, e esse era o título de um programa de TV a que estávamos assistindo: *Foreclosure of a Dream*. Aquilo ficou na nossa cabeça.

Na noite em que o Dave começou a criar esse *riff*, os meus pais foram ao show. O clima era bem Minnesota, bem Centro-Oeste. Eu estava lendo um livro do Robert Heinlein, um escritor de ficção científica, chamado *Farmer in the Sky*[38], e o Dave me pediu pra escrever a letra. Usei um pouco o livro como inspiração e escrevi a letra. Eu me reunia com o Dave quase cotidianamente, passávamos a letra, e ele criava a melodia. Começamos a trabalhar de forma colaborativa nas músicas que se transformariam no disco *Countdown to Extinction*.

Todos os dias havia garotas e outras atividades no *backstage*, mas nos concentrávamos cada vez mais na composição do disco novo. Íamos ao quarto de hotel um do outro, compartilhávamos ideias e colaborávamos nas composições. Fui ao quarto do Nick ciente de que ele estava escrevendo uma música sobre caças enlatadas e pessoas que caçam animais criados em cativeiro que são mortos para aproveitarem a pele. Falei pra ele que tinha acabado de assistir a um programa de TV chamado *Countdown to Extinction* e achei que aquela podia ser uma boa ideia pra ele. "Puta merda, cara, é perfeito", disse ele, e isso o ajudou a concluir a música.

---

37 "Perda de um sonho".

38 *Fazendeiro no céu*, em tradução livre. Livro atualmente sem publicação no Brasil. (N. do T.)

RUST IN PEACE

DAVE MUSTAINE: O Nick escreveu a letra e o título de "Countdown to Extinction", que ele aproveitou de uma matéria da revista *Time*. Eu vi a revista com meus próprios olhos. Ele a passou pra mim no mesmo dia em que o David Ellefson me entregou a letra de "Foreclosure of a Dream". Ela era uns versos todos bagunçados.

DAVID ELLEFSON: A mentalidade no Megadeth era de que no próximo disco tínhamos que dar um passo à frente para avançarmos ainda mais. O Metallica tinha pavimentado o caminho. Eles tinham mostrado que uma banda pequena e suja de *thrash metal* podia chegar ao topo das paradas de sucesso, vender milhões de discos e mudar o mundo. Analisamos o cenário. O Anthrax não tinha a perspectiva melódica. O Slayer era cavalo de um truque só. Sabíamos que dentro do Megadeth tínhamos tudo que era necessário, principalmente com o Marty – ele levou muita melodia pra banda – e a energia do Nick. Estávamos prontos para nos destacarmos.

DAVE MUSTAINE: O melhor da *Clash of the Titans* era que estávamos derrubando barreiras e tocando em lugares que nunca tinham visto bandas como Slayer, Megadeth e Anthrax.

DAVID ELLEFSON: Terminamos em Lakeland, na Flórida. Gravamos aquele show. Acho que o Slayer lançou um disco ao vivo daquela apresentação, mas não sei se fizemos alguma coisa com aquilo. Em seguida, saímos numa turnê pequena de dez shows em clubes no caminho de volta pra Califórnia. Na noite depois de Lakeland, tocamos em Jacksonville, na Flórida, onde o nosso antigo baterista, o Gar Samuelson, morava. O Dave e eu não o víamos desde que o demitimos da banda, em 1987. Ele foi ao show, e eu estava muito a fim de me encontrar com ele. A gente se trombou rapidamente, e aquela foi a última vez em que o vimos. Ele morreu alguns anos depois.

CLASH NOS EUA

Atravessamos os Estados Unidos de volta e, quando chegamos, fomos pro estúdio EMI SBK, que não era mais no imóvel da época das *demos* do *Rust in Peace*, onde o Ron Laffitte também tinha um escritório. Ele tinha mudado pro Le Dome, um famoso e elegante restaurante/boate na Sunset Strip, bem ao lado do Sunset Plaza. Gravamos o que tínhamos composto na estrada, um punhado de músicas como "Foreclosure of a Dream", "New World Order", "Ashes in Your Mouth" e "Millennium of the Blind", esta última ficou na fase de *demo* e só a lançamos quando a regravamos pro disco *Megadeth 13*, em 2013. Saímos da *Clash of the Titans* com músicas que eram mais *metal* ainda pro *Countdown to Extinction*.

Quando terminamos as turnês e gravamos as *demos* das primeiras músicas pro *Countdown to Extinction*, eu falei que o ciclo *Rust in Peace* tinha chegado ao fim.

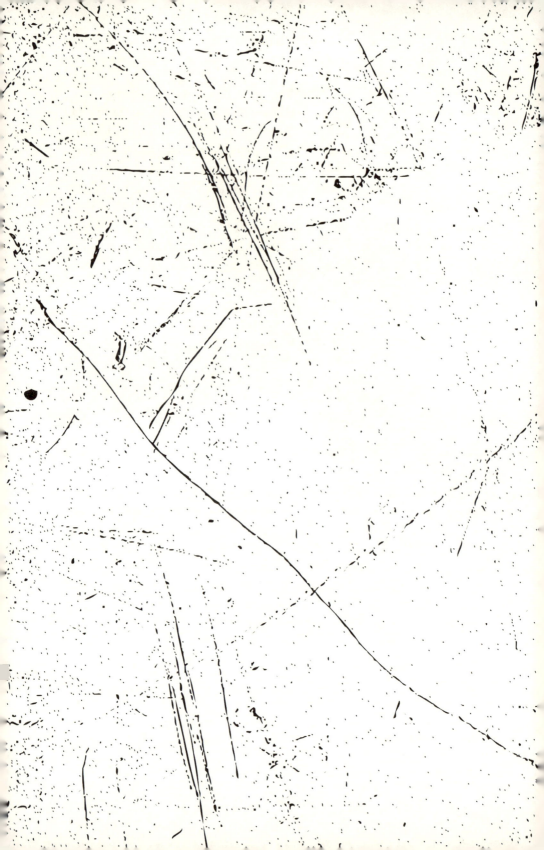

- DEZESSETE -
REUNIÃO DA FORMAÇÃO DO *RUST IN PEACE*

DAVE MUSTAINE: A primeira vez em que tentei reunir a formação do *Rust in Peace* foi depois que machuquei o braço e desfiz a banda, em 2002. Eu não tocava guitarra havia 17 meses. Dormi em cima do braço e os primeiros médicos que consultei me disseram que eu teria sorte se recuperasse 80% da habilidade do braço. Eu não entendi direito e perguntei: "Vou recuperar 80% da minha habilidade de tocar?". O médico respondeu: "Filho, você nunca mais vai tocar guitarra, eu falei 80% da habilidade do braço".

Eles não sabiam com quem estavam falando.

Fui pra casa, falei pra todos que estava me aposentando e comecei a fazer fisioterapia com o Nathan Koch e a me tratar com o Raj Singh, um médico indiano extraordinário em Scottsdale, Arizona. E eles me deram uma geringonça maluca de *metal* – que parecia d'*O exterminador do futuro* – para eu usar na mão esquerda, com elásticos presos a uma cruz que puxavam meus dedos pra trás, e eu tinha que ficar tentando fechar a mão. Todos os músculos na parte superior do meu antebraço tinham atrofiado. Eu tinha passado 17 meses fazendo exercícios com aquela coisa, tomando eletrochoque, passando por todo o tipo de tratamento. Ia à academia e levantava peso, mas eu precisava equilibrar o corpo levantando o mesmo peso dos dois lados. O máximo que eu conseguia levantar de um lado eram novecentos gramas. Sabe de que cor é o peso de novecentos gramas? Aquela porra é rosa. Eu tinha que ir à academia e ficar levantando dois halteres rosa na frente dos meus amigos cabeças-ocas.

Depois de 17 meses fazendo aquele monte de fisioterapia, me chamaram pra tocar num evento beneficente. Um dos caras que trabalhavam para a banda tinha morrido e deixado a esposa e o filho sem nada. O Alice Cooper estava organizando o show. Fui ao evento beneficente em uma boate em Phoenix, mesmo sem conseguir tocar mais de trinta segundos de cada vez. Fiquei pilhado pra tocar de novo.

Liguei pro Nick e falei que queria reunir a banda. Ele falou que estava pronto pra tocar. Em seguida, falei com o David Ellefson, que quis saber tudo o que podia sobre o aspecto financeiro. O Marty foi a mesma coisa, ele não seguiria em frente com a ideia a não ser que soubesse quanto dinheiro estaria envolvido, como seria o *marketing*, como seria a divulgação, que músicas tocaríamos. Basicamente, isso matou a ideia de uma reunião completa, só que mesmo assim pedi pro Nick ir a Phoenix para colocar o Megadeth na ativa de novo. Só deu merda desde o momento em que ele chegou. Supostamente, o técnico de bateria dele tinha deixado a porta de trás da van aberta depois de guardar o equipamento dele e as peças da batera foram caindo uma a uma pelo deserto, desde North Hollywood, na Califórnia, até Phoenix, no Arizona. Quem me contou isso foi um baterista de estúdio de Nashville, que era muito talentoso e não tinha o menor motivo pra inventar isso.

O técnico de bateria tinha um problema de personalidade que não conseguíamos superar, e acabei o mandando embora pra casa depois de um rápido período de experiência. Contratamos o guitarrista Glen Drover quando vimos que a reunião não estava rolando com o David e o Marty. O Glen recomendou o irmão dele, Shawn, para assumir o cargo de técnico de bateria do Nick e, quando pu-

REUNIÃO DA FORMAÇÃO DO *RUST IN PEACE*

semos o Nick e o Shawn pra conversarem no viva-voz, o Nick falou pra ele: "Não quero nem falar com você, porra". O Glen saiu do lugar e me falou que ou o Nick saía, ou ele estava fora. O Nick fez papel de trouxa e perdeu a vaga por causa daquela declaração idiota.

Essa foi a primeira tentativa de reunião e, depois dela, decidi não mexer em casa de marimbondo.

DAVID ELLEFSON: Quando voltei pra banda, em 2010, fizemos a turnê do vigésimo aniversário do *Rust in Peace*. Era pro Megadeth e o Slayer saírem numa turnê chamada *American Carnage*, mas o Tom Araya, baixista do Slayer, machucou o pescoço e precisou fazer uma cirurgia. Então o Megadeth planejou uma turnê de um mês pra comemorar o aniversário de vinte anos do *Rust in Peace*, em março de 2010. As turnês comemorativas estavam começando a se popularizar, e o Megadeth nunca tinha feito nenhuma. É claro que o *Rust in Peace* era o disco seminal, o favorito dos fãs.

Nessa época, o James LoMenzo, baixista da banda, e o Dave estavam passando por dificuldades, e ele acabaria saindo. Ao mesmo tempo, os shows do Big Four com o Metallica, o Megadeth, o Slayer e o Anthrax foram anunciados pra meados de 2010, e eu estava louco pra voltar à banda. Nunca planejei ficar fora do Megadeth, mas depois que a tentativa de reunião em 2004 não rolou por causa de divergências comerciais com o Dave e a equipe empresarial dele na época, nós dois não nos olhamos olho no olho e acabei não voltando pra banda. Desfizemos nossos interesses comerciais, mas o universo nunca deixaria que o Dave e eu não voltássemos a estar juntos no Megadeth.

DAVE MUSTAINE: Fiz uma escala em Phoenix e liguei pro David Ellefson do nada. Ele meteu um processo em mim de dezoito milhões e meio de dólares e perdeu. Senti uma necessidade no coração de jantar e passar um tempo com ele porque eu o amava, ainda que o Junior tivesse cometido aquele erro inacreditável e vivesse falando coisas horríveis de mim. Quando o encontrei, a primeira coisa que saiu da boca dele foi: "Processar você foi a coisa mais idiota que fiz na vida e peço desculpa". Falei: "Perdoo você", e tudo ficou na boa. Recomeçamos do zero.

DAVID ELLEFSON: O baterista Shawn Drover era muito fã do Megadeth, mesmo antes de entrar na banda. Ele e o técnico de guitarra do Dave, Willie Gee, babavam na orelha do Dave pra ele me colocar de volta na banda, principalmente pra turnê de aniversário do *Rust in Peace*. O Shawn Drover armou um telefonema entre mim e o Dave. Nessa ligação, não conversamos mais do que dois minutos. Todos os desentendimentos que tínhamos desapareceram. Enfiei uns baixos no carro, fui de Phoenix a San Diego e ensaiei com a banda no mesmo dia em que cheguei. Basicamente, nesse dia concordei em voltar pra banda. No dia seguinte, gravei uma faixa pro Guitar Hero, a última que eles fizeram, uma música chamada "Sudden Death".

Na segunda-feira, dia oito de fevereiro, anunciamos o meu retorno ao Megadeth. A turnê do *Rust in Peace* começou no mês seguinte. Sem o Nick e o Marty. Nessa época, nem mesmo conversamos sobre a volta deles à banda. Fizemos o maior estardalhaço sobre a turnê, tanto que os fãs e os promotores viram o quanto ela era significativa. Filmamos o último show no Hollywood Palladium para lançarmos em DVD. O Dave e eu trabalharmos juntos novamente acabou sendo um retorno triunfal, tipo uma reunião mesmo. Seguimos com aquela turnê durante o restante do ano pelo mundo, fazendo basicamente a turnê do vigésimo aniversário em todos os lugares. A banda era muito boa: o Chris Broderick na guitarra, o Shawn Drover na batera, eu e o Dave.

DAVE MUSTAINE: Quando o Shawn Drover era o baterista do Megadeth, ele fez muito *lobby* para eu trazer o David Ellefson de volta à banda. O David e eu ainda não tínhamos entrado em acordo sobre os nossos problemas. Mas o Shawn era um verdadeiro fã do Megadeth

REUNIÃO DA FORMAÇÃO DO *RUST IN PEACE*

e colocou o seu lugar na história da banda à frente do contracheque dele. Com o David de volta, pensamos que podíamos trazer o Marty também. Ninguém tinha falado nada ao nosso guitarrista Chris Broderick, mas ele não era bobo. Estávamos esperando a turnê do Iron Maiden e não tínhamos falado com o Marty ainda, mas, quando o Bruce Dickinson teve câncer na língua, a turnê com o Iron Maiden foi cancelada. Os empresários disseram ao Shawn e ao Chris Broderick que a turnê tinha sido cancelada e que eles precisariam arranjar trabalho para um ano. Eles acabaram saindo pouco depois disso. Fizeram aquilo em público e nunca contaram ao David nem a mim, o que achei ridículo e uma falta de caráter, mas tudo bem. Eles fizeram o que tinham que fazer pra lidar com os sentimentos deles na época. Se dissessem a mim o que falaram para eles, eu provavelmente teria ficado muito mais nervoso. Mas, quando os dois saíram, voltamos a ser o Ellefson e eu de novo. O Cavaleiro Solitário e o Tonto.

DAVID ELLEFSON: Saímos em turnê com o Iron Maiden no segundo semestre de 2013, eram sete shows pelo país. A Pam e o Dave estavam procurando uma casa pra comprar em Austin, Texas. A Pam ficou do meu lado no palco, assistindo ao Iron Maiden, e ela falou que estava impressionada com o quanto aqueles caras eram famosos. Contei que eles trabalharam com o mesmo empresário a carreira toda, nunca tinham tido nenhum problema com drogas, eles haviam pavimentado um caminho realmente limpo, e por isso eram tão bem-sucedidos. Nunca tentaram ser *hipsters*. Nunca cortaram o cabelo nem tentaram seguir a onda do momento. Eles eram a porra do Maiden e pronto, uma banda de *metal* fiel à proposta dela e os fãs confiavam e acreditavam naquilo. A Pam ficou refletindo e disse: "Imagina o que aconteceria se trouxéssemos o Ron Laffitte de volta e reuníssemos o Marty e o Nick". Foi nesse dia que as coisas começaram a rolar.

Nesse período, o Ron estava trabalhando numa empresa grande. Saquei que o Ron estava a fim de empresariar a gente de novo. Ele chegou a falar que seria um ótimo empresário pro Megadeth. E até que não era uma má ideia. Nós tínhamos história. Num determinado momento, ele foi um empresário excelente pro Megadeth. O sucesso do *Rust in Peace* jamais teria rolado sem ele.

As coisas estavam acontecendo. Vinte anos depois, no final de 2013, nosso último empresário tinha sido demitido, e o Ron Laffitte foi contratado.

DAVE MUSTAINE: O Ellefson disse: "Vamos dar o toque no Nick e no Marty de novo". Falei: "Quer saber? As coisas ficam muito fora de controle toda vez que chamamos esses caras pra entrar na banda de novo. O que eles exigem pra voltar é muito fora da realidade". Não gostei da ideia. Além disso, as coisas tinham acabado tão mal com o Ron na primeira vez em que ele foi nosso empresário, que eu sabia que aquilo ia acontecer de novo. A minha família insistiu para eu dar outra chance ao Ron, mas, quando completaram sessenta dias sem ele retornar minha ligação e sem nos falarmos, eu o demiti pela segunda vez e percebi que tinha desperdiçado mais um ano da minha vida.

DAVID ELLEFSON: Quando voltei pra banda, em 2010, muita gente me parabenizou e ficou feliz pelo meu retorno, principalmente em Los Angeles. Fui parabenizado pelo Andy Somers, o agente que ajudou a montar a banda no início, e pelo nosso antigo empresário, o Ron Laffitte. Na época do show do *Rust in Peace* em Hollywood, em 2010, eu e o Ron nos encontramos pra tomar um café. Ele me contou como foi que deixou de ser empresário do Megadeth, uma história que eu desconhecia. Em 1994, ele tinha assumido um cargo na Elektra Records e ficou em grande parte responsável pelo catálogo do Metallica, que contabilizava 25% de todas as vendas de discos do selo na época. O Ron aceitou o trabalho, embora nunca tivesse tido a intenção de deixar de ser o empresário do Megadeth.

Houve muitas recaídas bem pesadas com drogas em 1993, o que esmigalhou a nossa trajetória. Nunca voltamos a ter aquela chance de novo. Fizemos sucesso e continuamos na ativa, mas aquela chance de chegar ao topo foi embora em 1993, quando o Dave teve uma recaída gigante. A turnê pelo Japão foi cancelada, fomos expulsos da turnê com o Aerosmith. Havia uma oportunidade de excursionar com o Pantera, mas já tínhamos nos comprometido com a turnê do Aerosmith. O Metallica queria que ficássemos em turnê com eles na Europa, mas tínhamos que voltar pra excursionar com o Aerosmith e acabamos sendo expulsos da turnê por causa de comentários que o Dave fez. Provavelmente, não deveríamos ter saído em turnê com o Aerosmith. Era uma turnê longa e o motivo de termos sido inseridos nela foi porque a comunidade de pessoas que se livraram do vício achava que, pro Dave ficar sóbrio, ele precisava participar de turnês sóbrias. Portanto, Aerosmith. Foi um decisão estratégica ruim que nunca devíamos ter tomado, ponto. Ou a pessoa fica sóbria ou não fica. Não interessa em que turnê ela esteja.

O Laffitte, como todos nós, ficou desiludido, mas fizemos o álbum *Youthanasia* no ano seguinte. Estávamos no final do ciclo de turnês na Espanha quando o nosso agente publicitário nos enviou um *clipping* da revista *Hits Magazine*, informando que o Ron Laffitte tinha sido contratado pela Elektra Records como chefe de operações da Costa Oeste. Aquilo foi uma novidade e tanto pra nós. Não tínhamos ouvido falar de nada daquilo. O Dave pirou. Ninguém nos comunicou que o Ron ia manter a empresa dele. De repente, a era Ron Laffitte terminou e nós precisávamos de um empresário novo. Foi assim que o esquema com o Laffitte terminou na primeira vez.

Só que aquela notícia não era nada de mais pra mim. Eu sabia que ele estava aprontando alguma coisa. Uma coisa é certa: se a pessoa quer ser mentirosa, que seja boa. Ele estava mentindo constantemente no final, e eu tinha começado a procurar outra agência pra nos empresariar. A pessoa que acha que dá pra assumir aquele trabalho e empresariar o Megadeth e o The Cult ao mesmo é um louco filho da puta.

O filho do Dave, o Justis, tinha conseguido um estágio na empresa que nos gerenciava, e ele tem sensibilidade. Ele viu que era valioso ter o Nick e o Marty de volta na banda e tentar fazer uma reunião do *Rust in Peace*. O Justis não compreendia muito bem a equação emocional complexa pro Dave e pra mim. Ele estava olhando aquilo pela perspectiva empresarial. O Dave e eu resistimos.

Assim que voltei pra banda, a tal reunião estava sujeita a acontecer. A minha ideia era fazer como o Kiss, ou seja, deixar o Drover e o Broderick descansando no banco de reservas, pagar a eles um ordenado para ficarem na deles e dar uma chance pro esquema com o Nick e o Marty. Havia a possibilidade de não funcionar. Dar uma grana a eles pra ficarem de molho de três a seis meses. Se funcionasse, tomávamos a decisão e todos tocavam o barco, caso não desse certo, voltávamos a ser o Megadeth com o Chris e o Shawn. Não foi assim que o Laffitte lidou com a situação. Ele começou a afugentar e afastar os caras. Ao cortar o salário dos dois, ele basicamente os forçou a sair.

Eu tinha que fazer a grana durar até o fim do mês, então aceitei um convite para participar de um negócio chamado Metal All Stars. O promotor acabou sendo preso pelo FBI por fraude envolvendo essas turnês de grandes estrelas, anunciando atrações que não iam tocar e coisas assim. Depois do nosso primeiro dia de ensaio, voltei para o hotel e o Dave me ligou.

O Dave me ligou na Bolívia e disse: "O Justis acha que a gente deve tentar chamar o Nick e o Marty de volta pra banda". O que eu achei daquilo? Falei pra ele que tínhamos que descobrir se o Marty ia querer e se o Nick sequer conseguia tocar. Quando demitimos o cara em 1998, ele estava todo fodido por causa de drogas e não conseguia tocar. Precisávamos nos reunir com o Nick num lugar e ver se ele ainda conseguia tocar.

DAVE MUSTAINE: O Justis saiu com o Nick e viu que ele tinha uma cicatriz enorme no braço direito. O Nick tinha se acidentado com uma serra circular. Ele era um cara cheio de talentos e tinha uma queda por construção. Quase perdeu o braço por causa daquilo. O David o buscou de carro em Los Angeles e o levou para Fallbrook, onde ficava meu estúdio caseiro, para ensaiarmos. O Marty ainda estava no Japão, mas sabíamos que não precisávamos ensaiar com ele. O Nick chegou, tocamos a primeira música e ficou mais ou menos. Mas o Nick ficava revirando as partes de cabeça pra baixo. No final da segunda música, ele estava exausto.

DAVID ELLEFSON: O Dave e a Pam ficariam na casa deles em Fallbrook, na Califórnia, no início de dezembro, e eu providenciei uma sala de ensaio em L.A. para o Nick e eu fazermos umas *jams*, para ele se preparar e eu dar uma sacada nele antes de chamar o Dave. A empresa que nos gerenciava estava fazendo pressão, porque ela queria anunciar a reunião do *Rust in Peace*. Ninguém no nível empresarial parecia estar prestando atenção. Aquilo que o Ron Laffitte proporcionava em 2014 não era o mesmo da época dele no Time Megadeth, em 1989, quando ele era um empolgado e jovem fã de *heavy metal* que ralava todo dia, de cabelo comprido estilo Iron Maiden e jaqueta de couro. O Ron Laffitte dessa época era um executivo rico, bem-sucedido e poderoso no topo da indústria musical em Hollywood. Ele estava trabalhando na Maverick Entertainment, a empresa da Madonna, do U2 e do Pharrell Williams. O Pharrell, nessa época, era um celebridade regular no *The Voice*. O dinheiro que o Ron estava ganhando com música *pop* era estratosférico em comparação com o que uma banda de *heavy metal* como o Megadeth geraria. Por maiores que fôssemos, éramos trocadinhos comparados àqueles artistas *pop*.

DAVE MUSTAINE: O Ron tinha virado "um porco do *show biz*". Ele tinha se transformado em tudo o que crescemos desprezando.

DAVID ELLEFSON: Enquanto isso, a banda de abertura para os dois shows que eu estava fazendo na América do Sul se chamava Angra e tinha um guitarrista solo foda chamado Kiko Loureiro. Ele tocou algumas músicas com o Geoff Tate, do Queensrÿche, e nós dois acabamos

RUST IN PEACE

fazendo uma *jam*. Eu pensei: "Puta merda, esse cara é bom pra caralho". Ele era um animal no palco. Ele tocava muito. Comecei a conversar com o Kiko e ele me falou que tinha se mudado pra Los Angeles e estava procurando algo maior. Não dei pistas de que alguma coisa aconteceria com o Megadeth, mas peguei o número dele.

Voltei da América do Sul alguns dias depois. Naquela semana, em novembro de 2014, o Shawn Drover e o Chris Broderick saíram do Megadeth no meio da noite, postando um anúncio no Facebook deles.

Na primeira semana de dezembro, levei o Nick Menza ao estúdio na casa do Dave, em Fallbrook, pra tentarmos tocar. Ele estava muito nervoso. Tocamos algumas músicas, começamos com "Killing Is My Business" – que não foi gravada pelo Nick no disco, mas ele a tocou muito bem. Depois passamos "Symphony of Destruction", que foi uma música que o Nick gravou, e ele não tocou nada bem. Achei estranho ele não saber o que ele mesmo tinha feito. Tinha alguma coisa errada com o Nick. Às vezes ele parecia lúcido, presente, sóbrio, e depois ficava desnorteado e distante. Eu perguntei a ele sem rodeio: "Você está chapado?". Ele insistiu que estava sóbrio. Mas a caminho do hotel ele ficou falando uma monte de coisa esquisita de alienígenas e "Hangar 18". Eu sabia que tinha alguma coisa errada, dava pra ver que havia algo acontecendo.

Enquanto isso, o Dave estava tendo umas conversas com o Marty Friedman, que morava no Japão, trabalhava muito lá, e no dia seguinte a gente se reuniu de novo com o Nick na casa do Dave. Dessa vez, o Dave ia ensaiar, o que deixou o Nick supernervoso. Tinha um engenheiro de som no estúdio que não acreditava que o Nick Menza não chegaria ali e aniquilaria o lugar – aquela era a grande chance do cara –, mas ele estava intimidado e apavorado. O Dave chegou ao estúdio e passamos umas músicas. Dava pra ver que o Dave ficou irritado. Embora eu ache que o Dave e o Nick geralmente gostavam um do outro, quando chegou a hora de dar aquele grande passo, houve muito estresse, e foi fácil perceber que o Dave ficou tão desapontado quanto eu. O Dave e eu não nos entreolhamos, ficamos olhando pro chão. A gente sabia. Aquilo não ia dar certo.

REUNIÃO DA FORMAÇÃO DO *RUST IN PEACE*

MARTY FRIEDMAN: Eu estava entusiasmado pra fazer algum tipo de reunião. Participo de um milhão de projetos. Se é interessante, eu topo, independentemente do dinheiro. Foi assim que cheguei aonde estou, fazendo um monte de coisas e algumas acabam saindo melhor do que outras. Algumas são fantásticas; algumas, eu queria não ter feito, mas fazê-las sempre – sempre – leva a coisas mais legais. Quando recebi a proposta do empresário Ron Laffitte, prestei atenção, porque ele tinha virado um empresário grande de gente como Pharrell Williams, coisa bem maior do que o *metal*. A gente se encontrou em Los Angeles e fiquei feliz de ver os caras. Foi legal. Adorei botar o papo em dia. O mais importante era que eu ia ficar feliz em fazer aquilo, só que não ia ganhar menos grana do que a que estava fazendo na época.

DAVID ELLEFSON: Conversamos durante o período das festas de fim de ano sobre as possibilidades de fazermos aquilo. Como todos nós iríamos ao NAMM em Anaheim, em janeiro de 2015, marcamos uma reunião com a participação de nós cinco – os quatro integrantes da banda e o Ron. A companhia que empresariava a banda organizou um jantar. Encontrei o Dave no hotel e fomos juntos. O Nick e o Marty foram sozinhos. O Marty tinha pedido ao Dave pra levar uma equipe de filmagem porque ele estava fazendo uma espécie de documentário sobre ele, e o Dave permitiu as câmeras, em parte provavelmente para que o esquema fosse todo filmado e houvesse algum registro daquilo.

O Marty chegou com uma comitiva e as câmeras e sentamos pra comer. O Dave já estava irritado com o Ron. Acho que eles não trocaram sequer duas palavras. O Nick ficou amuado num canto porque sabia que o Dave estava desapontado com ele. A conversa começou pela questão do dinheiro e o Nick estava com um empresário chamado Rob Bolger, um cara de Nova Jersey que eu conhecia e parecia estar sempre tentando dar um jeito de entrar na indústria da música. Ele falou que queriam uma parte dos lucros e um salário semanal de sete mil e quinhentos dólares pro Nick, o que era quase duas vezes o que eu estava ganhando.

RUST IN PEACE

Na mesma hora, o Dave ficou bravo com aquelas exigências ridículas, principalmente porque o Nick, que estava fora da cena havia quase vinte anos, chegou lá pedindo uma parte de tudo. Os ressentimentos começaram imediatamente.

Dava pra perceber que o Marty ficava sentindo qual era a situação. Obviamente, ele estava gostando de ser um guitarrista *rock star* no Japão, o Megadeth era parte do passado dele e provavelmente não faria parte do futuro. Em alguns momentos, parecia que o Marty estava quase fazendo um teste com o Ron Laffitte, com perguntas pontuais. O Ron fez um comentário sobre o *rock* estar morto, sobre o *rock* não significar nada, e o Marty devolveu: "Se você acha que o *rock* morreu, não sabe de nada e é um idiota". A coisa ficou um pouco tensa entre os dois.

A reunião acabou, mas antes paramos de falar de negócios e ficamos jogando conversa fora. *Ei, lembra quando você fez isso? Nossa, lembra quanta mulher? Meu Deus, se lembra disso? Se lembra daquela merda daquele cara?* Ficamos contando histórias uma meia hora e a reunião terminou tranquila, porque estávamos agindo como velhos amigos.

DAVE MUSTAINE: Recebi correspondências de advogados do Nick e do Marty em momentos diferentes. Um queria quase duas vezes mais dinheiro do que o que o David Ellefson recebia e o outro queria quase quatro vezes o que o Ellefson ganhava. O Nick queria permissão pra vender as pinturas dele na turnê – os bonés e os moletons dele. O Marty queria vender o *merchandise* dele também. Por alguma razão maluca, aqueles caras achavam que o Megadeth era igual aos Stones. Eles queriam mais até do que eu ganhava. Começamos a ver aquele monte de exigências sobre grana, *merchandise* e coisas assim, aí o negócio começou a ficar esquisito. O Nick nunca entendeu por que ele não fazia mais parte do Megadeth. Não entendeu na primeira vez que foi demitido nem na segunda. Na terceira vez, você pode achar que lavei as mãos e deixei o cara pra lá, mas até o dia em que ele morreu tentei ajudar o Nick, mesmo com ele falando merda de mim na imprensa.

REUNIÃO DA FORMAÇÃO DO *RUST IN PEACE*

MARTY FRIEDMAN: Eu estava no Japão havia dez anos, cultivando uma carreira com recompensas sólidas. Ganhava dinheiro não só pra mim, mas também pra quem me gerenciava e pra minha equipe. O meu empresário estava comigo havia quinze anos. As coisas estavam correndo bem e consolidadas profissionalmente, e, quando de repente recebi a proposta de entrar no Megadeth de novo, contanto que eu não ganhasse menos dinheiro, eu ia. Mas definitivamente não ia tomar prejuízo pra entrar numa banda que, francamente, naquele momento, não tinha muito a oferecer musicalmente. Dois integrantes tinham acabado de sair da banda e, do ponto de vista musical, eu não ouvia nada que eles fizeram havia muito tempo. Eu não sabia se eles continuavam relevantes na indústria da música. O Megadeth não estava na ponta da língua das pessoas, ao menos não no Japão. Eu havia chegado ao ponto em que as pessoas tinham parado de me ligar imediatamente ao Megadeth e falavam de coisas que eu tinha feito no Japão.

Não sei por que eles acharam que eu ia desistir imediatamente de tudo o que estava fazendo para embarcar em uma turnê e ganhar menos dinheiro. Não conheço ninguém que faria isso. E, pra ser completamente honesto com você, eu acho que, se tivesse sido uma coisa mais de banda, e não de um homem só, a festa do mandachuva Dave Mustaine, eu até podia ter considerado fazer por um pouco menos. Mas, no fim das contas, o Megadeth é basicamente o Mustaine, por causa da forma como ele arquitetou a banda. Eu não sentia que havia camaradagem, não éramos um tesouro formado por quatro homens tipo os Beatles, o Kiss, o Metallica. Eu sentia que sairia em turnê e aquele seria o grande sucesso do Mustaine. Se vou fazer uma coisa dessas, com certeza não vai ser por menos dinheiro. Eu estava mandando muito bem no Japão. E foi assim que enxerguei a situação.

Dinheiro, dinheiro, dinheiro... pronto, essa é a verdade. Mas e essa história de um tesouro de quatro homens? O Kiss era o Gene e o Paul; os Beatles eram o Paul e o John; e o Metallica é o Lars e o James. É isso aí, dinheiro, dinheiro, dinheiro.

RUST IN PEACE

DAVE MUSTAINE: No NAAM, o que aconteceu já estava predestinado mesmo antes do jantar. Eu atravessava o Centro de Convenções Anaheim, indo do carro pro jantar, cercado de guarda-costas com as pessoas me pedindo autógrafos. Estávamos passando pela multidão, e o Marty andava sozinho quando um dos seguranças o empurrou pra abrir caminho. Eu falei: "Calma aí, calma aí, calma aí", mas isso mostra como eram as coisas, a minha trajetória com o Megadeth continuou na ascendente, enquanto a dos outros caras, nem tanto. Se tem alguma coisa que explica esses comentários desagradáveis do Marty é esse tipo de dinâmica. O que eu podia fazer? Ficar triste por ser famoso? Aquilo é o que amo fazer. É para aquilo que vivo. Alguns deles se afastaram da música, alguns simplesmente não aguentaram mais. Ninguém saiu do Megadeth e chegou à glória como eu fiz depois que saí do Metallica.

DAVID ELLEFSON: Depois da reunião no NAMM, nós basicamente largamos aquela história de lado. O projeto já era. O Dave trocou de empresário. O baterista Chris Adler, do Lamb of God – uma banda grande de *heavy metal* da geração posterior à nossa, que cresceu ouvindo Megadeth –, nos abordou. Ele soube que estávamos passando por uma transição e também que vínhamos conversando com o Nick Menza. O Dave foi à reunião com o Nick, o Marty e o Ron sabendo que tinha o Chris Adler na manga. Duas semanas depois, cumprimentamos o Chris Adler com tapinhas nas costas para trabalharmos no disco.

O Chris tinha trocado a empresa que agenciava o Lamb of God e passado para a 5B Artists + Media, e ele convenceu o Dave a assinar com eles. Quando o Dave me contou que tinha contratado uma empresa nova pra empresariar a banda, fiquei aliviado. Aqueles caras eram empresários de *heavy metal* mesmo. Eles entendiam nossa música, entendiam a gente. Esse foi o fim do regime Laffitte, o momento de seguir em frente e ser o novo Megadeth.

Uma das primeiras coisas que o Dave falou aos nossos empresários da 5B foi que eles tinham que achar um guitarrista. A agência

REUNIÃO DA FORMAÇÃO DO *RUST IN PEACE*

fez uma lista pequena e nela estava o Kiko Loureiro, com quem eu tinha tocado em novembro. O Dave me ligou pra falar que achava que tinha encontrado o guitarrista novo: o Kiko Loureiro. Contei que eu conhecia o Kiko, que havia tocado com ele na América do Sul e que tinha todos os contatos dele. Mandei um *e-mail* pro Kiko e pedi pra ele gravar uns vídeos tocando músicas do Megadeth e enviá-los pro Dave. Na cabeça do Dave, o Kiko já estava na banda.

Menos de um mês depois da reunião no NAMM, que foi o último prego no caixão daquela história toda, tínhamos empresários novos, um baterista novo, o Chris Adler, pronto pra tocar, o Kiko Loureiro na banda, e estávamos armados, prontos pra batalha e pra mandar ver. Foi um momento maravilhoso. Em fevereiro de 2015, demos adeus ao *Rust in Peace*, adeus ao Nick e ao Marty e adeus ao Ron Laffitte. Aquilo era o passado, isto é o presente, feche a porta, finalize o capítulo, hora de prosseguir e escrever uma história nova pro Megadeth.

DAVE MUSTAINE: O Nick estava com dificuldade de tocar, então pensei que a gente podia fazer o disco com o Chris Adler e sair em turnê com o Nick, mas, quando comecei a tocar com o Chris Adler, decidi ficar com ele e pôr um fim na reunião pela segunda vez. Fizemos o *Dystopia* com o Chris Adler e ganhamos nosso primeiro Grammy. Qualquer esperança de reuniões futuras foi demolida um ano depois, quando o Nick Menza teve uma parada cardíaca e morreu no palco do Baked Potato, um clube de *jazz* em North Hollywood.

- DEZOITO -
CODA

DAVE MUSTAINE: Eu sou uma história norte-americana de sucesso. Aconteceram tantas coisas ruins comigo – tanto pelas minhas próprias mãos quanto pelas mãos de outras pessoas –, que não era para eu ser bem-sucedido. Putz, não era para eu estar vivo. Na verdade, morri uma vez. Quero que as pessoas saibam do sangue, do suor, das lágrimas e da peleja por trás da música. Talvez elas entendam um pouco melhor porque esse disco as faz sentir o que sentem após verem toda a emoção por trás dele, tudo o que estava acontecendo. Agora elas podem enxergar por que a banda era tão volátil e carregada de sentimento.

Os meus pais se divorciaram quando eu tinha quatro anos. Aos quinze, minha mãe se mudou e eu fiquei por conta própria. Tive que aprender a me virar, a lutar. Consequentemente, levei muita porrada, mas foi isso que me fez seguir este caminho. Não levo porrada mais.

Tudo o que me formou entrou naquele disco na época em que foi feito. Todos devem conhecer a incrível jornada da vida daquele álbum: por que compus as músicas, como me apaixonei pelos meus colegas de banda, o quanto fiquei triste quando não consegui reuni-la e o lado humano de tudo por trás do *Rust in Peace*. Não foi a simples gravação de um disco, foi o triunfo de uma vida cheia de adversidades, a reunião de poderes maiores que eu e o encontro de forças mundanas e cósmicas aquecidas ao extremo para forjar o aço vigoroso de que esse disco é feito.

DAVID ELLEFSON: Quando fizemos o *So Far, So Good... So What!*, estávamos desarticulados interna e musicalmente. E, é claro, éramos viciados. Usávamos drogas, por isso mal conseguimos articulá-lo no início do ciclo e, é óbvio, desintegramos no final. O *Rust in Peace* foi vital para cravar a bandeira do Megadeth de novo. E esse é um disco que compusemos no nosso momento mais sombrio, mas ainda assim o gravamos totalmente sóbrios, com uma nitidez e uma precisão impressionantes. A gravação feita na sobriedade desencadeou uma obrigação operacional, que acompanharia a banda no restante da campanha na estrada: a precisão que tivemos, a atenção que prestamos aos detalhes e a conectividade entre nós. Éramos uma equipe. O empresário Ron Laffitte estava cem por cento comprometido e todo mundo ficou sóbrio. Isso deu a todos nós a esperança de que um futuro ainda mais brilhante nos aguardava.

MARTY FRIEDMAN: Todos os grandes músicos fizeram inúmeros projetos com a mesma determinação, as mesmas esperanças, a mesma motivação, o mesmo orçamento, as mesmas circunstâncias, a mesma sorte – todas essas coisas. Estamos todos dando o nosso melhor o tempo todo, e mirar o passado para nos perguntar por que este foi diferente dos outros é de certa maneira inútil. Eu não sei te dizer o que o *Rust in Peace* tinha. Sei que não foi um álbum pré-concebido em uma sala de reuniões por um bando de gente visando ao sucesso. Éramos quatro caras fazendo o que fazíamos melhor e o que fazíamos da forma mais natural possível, e é isso. A sonoridade dele é a sonoridade que tínhamos. Não usamos efeitos.

Várias coisas que fizemos no Megadeth depois eram boas, mas elas tinham diversos penduricalhos que acho desnecessários – vozes esquisitas, introduções peculiares e coisas estranhas que anuviavam a música. A porra do *Rust in Peace* não tem nem *reverb*. São só quatro caras plugados direto nos amplificadores, e a bateria não tem *reverb*. Ele era seco – seco até o talo – e funcionou.

DAVE MUSTAINE: Se o Marty teve problemas com a produção, trinta anos depois não é a hora de levantar essa questão. Ele com certeza não deu um pio comigo.

MARTY FRIEDMAN: Acho que tudo o que fizemos é ótimo, que demos o nosso melhor em todos os discos e acreditávamos em tudo igualmente. Por mais que o *Rust in Peace* tenha funcionado, acreditávamos que todos os discos que fizemos juntos eram igualmente bons, se não melhores do que o *Rust in Peace*; caso contrário, não os teríamos lançado. Nunca chegamos ao final da mixagem de um disco e falamos: "Nossa, este não está tão bom quanto os nossos últimos dois discos, mas vamos lançar mesmo assim". Acredite em mim, quando o *Risk* ficou pronto, nós todos nos sentíamos exatamente da mesma maneira que depois do *Rust in Peace*. A gente sempre dá mil por cento e nunca sabe como vai ser a receptividade. Trabalhei com muito mais afinco em outros projetos, antes e depois, que tiveram um reconhecimento muitíssimo menor. Quem sabe dizer o que leva um disco a virar um clássico?

MIKE CLINK: Eu não tinha como prever o sucesso do *Rust in Peace* com aquelas músicas de seis, sete minutos, com aquele monte de mudanças de tempos e melodias vocais que não são nada *pop*. As rádios na época não tocavam aquele tipo de disco. Não tocavam álbuns do Megadeth. Eu sabia que era um grande disco, mas não sabia se ia vender. Não tinha a menor ideia. Sabia que o disco era ótimo e a banda, fantástica. Ainda que eu tenha editado o disco aos pedaços, eles eram músicos excepcionais. Ver o Mustaine tocar

RUST IN PEACE

aquelas bases com tanta pressão, escutar o Nick Menza executar as músicas com aquelas mudanças de tempo, o Junior palhetar com toda a velocidade e o Marty, que era melódico sem o fazer o menor esforço – eles me deixaram alucinado.

DAVID ELLEFSON: É aquele álbum que os fãs sempre querem escutar. Dois álbuns na nossa carreira são marcos: *Rust in Peace* e *Peace Sells*. Esses dois. O *Peace Sells* foi o nosso primeiro disco pela Capitol Records. É claro, a faixa-título fez sucesso na MTV. Foi a primeira vez que o mundo *mainstream* viu o Megadeth. O *Rust in Peace*, com seu percurso esquisito, foi uma espécie de renascimento do Megadeth. E a segunda vez que o mundo enxergaria a banda. O *Rust in Peace* é um disco que escrevemos nos nossos dias mais sombrios e gravamos nos dias mais iluminados, com o nosso futuro também mais iluminado. Ele preparou o terreno pra tudo o que aconteceria após o dia em que foi lançado, de verdade, e até hoje. E assim continuará sendo.

Acho que quando uma banda tem um disco tão aclamado pelos fãs, não importa o que a crítica diga. Ainda mais no *heavy metal*. A única coisa que importa é o que os fãs dizem. Um disco como o *Rust in Peace* é um cartão de visita eterno. Se fizer mais quatro, cinco ou dez discos ruins depois, sempre terá aquele álbum que fará os fãs gostarem de você.

Felizmente, o Megadeth continuou produzindo uma quantidade enorme de material de alta qualidade e, mesmo nos anos 1990, um período muito traiçoeiro pro *heavy metal*, com a invasão da música de Seattle, o sucesso do *nu-metal* e todo o movimento de *rock* pra rádio do final da década, o Megadeth tentou de alguma forma navegar por essas águas fazendo discos como *Youthanasia*, *Cryptic Writings* e até o *Risk*. Ainda que eu não tenha participado da reinvenção da banda, de meados a final dos anos 2000, com o *United Abominations* e o *Endgame*, eles foram passos estratégicos muito bem pensados pelo Dave. É irônico o fato de eu ter voltado em 2010, no estopim da turnê de vinte anos do *Rust in Peace*.

CODA

DAVE MUSTAINE: As pessoas envolvidas compartilharam muitos detalhes do que lembram, e alguns deles mudaram a minha recordação de como o *Rust in Peace* surgiu. Algumas dessas lembranças só confirmaram pra mim que elas continuam erradas até hoje. Recordar aquela época foi uma experiência agridoce. Por melhor que tenha sido relembrar todos os triunfos, todos os envolvidos, outras pessoas que fizeram parte daquilo e enxergar o que fez desse disco um sucesso, foi igualmente doloroso ouvir o Ellefson dizendo que, se um monte de drogas não estragaram a nossa amizade, um pouquinho de sobriedade fez isso. É bem verdade. Não passamos tempo juntos mais e, apesar de eu saber que a vida segue, também sinto falta daqueles dias em que éramos muito amigos, além de irmãos de guerra musicais.

Sempre tentei manter o Megadeth como uma banda de quatro integrantes, mas, além das formações importantes, outras não mereceram ser mencionadas. O público votou pelas vendas dos discos. Nenhum de nós compreende totalmente o laço que forjamos fazendo o *Rust in Peace* juntos. Por mais acidentado e pedregoso que tenha sido o caminho, algo belo, algo duradouro brotou de toda aquela loucura e catástrofe. Existiram muitos Megadeths, mas algo do quarteto do *Rust in Peace* perdura na mente de todo mundo – dos músicos, dos fãs, na minha. Tentei muito fazer a reunião acontecer. Mais de uma vez. Mas não era pra ser. O que tínhamos era como eletricidade, é impossível reengarrafá-la.

Foi ótimo retornar e observar tudo de novo, mas isso só serviu para, de verdade, me deixar ainda mais empolgado para fazer o próximo disco. Não há como dizer que todas essas memórias tenham despertado as profundezas da minha criatividade, além do alcance das palavras, em que toda grande música nasce. Não começamos a gravá-lo ainda. Finalizamos o livro a tempo de começar o disco novo, outro ciclo de renascimento pra banda. Veremos aonde isso tudo vai levar, porque o Megadeth está sempre de óculos escuros, olhando para o Sol. Que venham mais trinta anos.

CRÉDITOS DAS FOTOS

Todas as fotografias são de Gene Kirkland, com exceção das listadas a seguir:

Fotografia de Dave Mustaine e Andy Somers – cedida por Andy Somers
Fotografia de Bob Nalbandian – cedida por Bob Nalbandian
Fotografia de Chuck Behler – cedida por Brian Kniaz
Fotografia de Dave Mustaine, Tony Lettieri e Romell – cedida por Tony Lettieri
Fotografia de Pam Mustaine – cedida por Pam Mustaine
Fotografia da festa de casamento do Mustaine no Havaí – cedida por Dave e Pam Mustaine
Fotografia de Randy Kertz – cedida por Randy Kertz

COMPRE UM
·LIVRO·
doe um livro

Nosso propósito é transformar a vida das pessoas por meio de histórias. Em 2015, nós criamos o programa compre 1 doe 1. Cada vez que você compra um livro na loja virtual da Belas Letras, você está ajudando a mudar o Brasil, doando um outro livro por meio da sua compra. Queremos que até 2020 esses livros cheguem a todos os 5.570 municípios brasileiros.

**Conheça o projeto e se junte a essa causa:
www.belasletras.com.br**

Este livro foi composto em Warnock Pro e impresso em pólen soft 90 g pela gráfica Copiart, em maio de 2021.